GERHARD WEHR # ANTHROPOSOPHIE

GERHARD
WEHR

ANTHROPOSOPHIE

DIEDERICHS

Aus Gründen der besseren Lesbarkeit werden Zitate auch aus älteren deutschen Texten in der neuen Rechtschreibung wiedergegeben.

Bibliografische Information Der Deutschen Bibliothek

Die Deutsche Bibliothek verzeichnet diese Publikation in der Deutschen Nationalbibliografie; detaillierte bibliografische Daten sind im Internet über http://www.dnb.ddb.de abrufbar.

Textredaktion: Katrin Oberländer, Köln
Umschlaggestaltung: Die Werkstatt München /
Weiss · Zembsch
Produktion: Ortrud Müller
Satz: EDV-Fotosatz Huber/Verlagsservice G. Pfeifer,
Germering
Druck und Bindung: Druckerei Huber,
Garching-Hochbrück
Printed in Germany

ISBN 3-7205-2529-5

INHALT

EINFÜHRUNG

Die Anthroposophie hat das kulturelle Geschehen seit Beginn des 20. Jahrhunderts stark beeinflusst. Es war Rudolf Steiner (1861–1925), der diese spirituelle Weltanschauung begründete. Der Begriff »Anthroposophie« stammt allerdings nicht von ihm. Er ist aus den griechischen Wörtern *anthropos*, »Mensch«, und *sophia*, »Weisheit«, zusammengesetzt und taucht bereits in den philosophischen Schriften verschiedener Denker des 19. Jahrhunderts auf. So verwendete Robert Zimmermann, den Steiner während seines Studiums in Wien kennen lernte, die Bezeichnung Anthroposophie, aber auch I. P. V. Troxler und Immanuel Hermann Fichte. Anders als bei diesen ging es Steiner jedoch nicht nur um die Klärung einer philosophischen Begrifflichkeit, sondern darum, einen spirituellen Erkenntnisprozess in Gang zu setzen und aus dieser Erkenntnis heraus zu einer dem Wesen des Menschen entsprechenden Lebenspraxis zu gelangen.

Die anhaltende Aktualität der steinerschen Anthroposophie zeigt sich auf unterschiedlichen Gebieten des gesellschaftlichen Lebens, auch auf internationaler Ebene. So hat sich die Anthroposophie als alternativer Ansatz in Pädagogik und Heilpädagogik, in Medizin und Heilmittelherstellung sowie in der biologisch-dynamischen Landwirtschaft durchsetzen können, mancher Kritik und nicht selten offener Gegnerschaft zum Trotz.

Zur Begegnung mit der Anthroposophie bieten sich zwei Möglichkeiten an, eine theoretisch-literarische Auseinandersetzung und eine lebenspraktische Erprobung. Auch wenn es nahe liegt, bei der Frage nach dem Wesen des steinerschen Lebenswerks dort anzusetzen, wo es in seiner praktischen Umsetzung in Erscheinung tritt, so darf die geistige Grundlegung dessen, was die »anthroposophisch orientierte Geisteswissenschaft« vermitteln will, nicht vernachlässigt werden. Damit ist ihr Menschenbild und ihr Verständnis der Wirklichkeit als solcher gemeint, worin auch die spirituelle Dimension einbezogen ist, die die wissenschaftlichen Disziplinen in der Regel ausblenden oder nicht zum Wesen dessen rechnen, was ist. Wesentlich ist die Erkenntnishaltung, mit der der anthroposophisch tätige Mensch den äußeren Phänomenen und seinem eigenen Selbst gegenübertritt: Er beschreitet einen adäquaten Erkenntnisweg, nimmt also nicht nur bestimmte Lehren zur Kenntnis oder rezipiert sie gar in »gläubiger« An- und Übernahme, sondern gelangt zu eigener spiritueller Erfahrung. Recht verstandene Anthroposophie kann daher nicht in der bloßen Bekanntschaft mit den Auffassungen und Aussagen ihres Begründers bestehen; es geht vielmehr um ihrem Charakter als Weg. Hervorgehoben ist dies bereits im ersten der *Anthroposophischen Leitsätze* Steiners, die er seiner Schülerschaft als Anregungen für die eigene Innenarbeit nahe legte.

---

1. ANTHROPOSOPHISCHER LEITSATZ

»Anthroposophie ist ein Erkenntnisweg, der das Geistige im Menschenwesen zum Geistigen im Weltall führen möchte. Sie tritt im Menschen als Herzens- und Gefühlsbedürfnis auf. Sie muss ihre Rechtfertigung dadurch finden, dass sie diesem Bedürfnisse Befriedigung gewähren kann.

Anerkennen kann Anthroposophie nur derjenige, der in ihr findet, was er aus seinem Gemüte heraus suchen muss. Anthroposophen können daher nur Menschen sein, die gewisse Fragen über das Wesen des Menschen und die Welt so als Lebensnotwendigkeit empfinden, wie man Hunger und Durst empfindet.«[1]

Die Anthroposophie fußt auf einem philosophisch-erkenntnistheoretischen Fundament. Sie ist eng mit dem persönlichen Entwicklungsgang ihres Begründers verbunden. Steiner behandelte in seinem Werk zunächst Erkenntnisfragen seiner Zeit, der zweiten Hälfte des 19. Jahrhunderts. Entschieden trat der junge, von der Naturwissenschaft kommende Denker der Erkenntnisskepsis dieser Epoche entgegen, die sich in dem Leitwort *Ignoramus ignorabimus* (»Wir wissen nicht, wir werden nicht wissen«) äußerte. Steiner befasste sich mit den naturwissenschaftlichen Schriften Goethes und befürwortete eine Entgrenzung und Erweiterung der menschlichen Erkenntnisfähigkeit. Andererseits plädierte er für eine Befreiung des menschlichen Individuums von jeder Bevormundung durch eine übergeordnete religiöse oder weltanschauliche Instanz. Steiner ging von einem Monismus aus, der die Welt als eine einheitliche Wirklichkeit versteht und dem ein ethischer Individualismus entspricht. Es ist das autonome, aus sich selbst heraus agierende Ich, wie es durch die richtungweisenden Denker des deutschen Idealismus, namentlich durch Johann Gottlieb Fichte, entworfen worden ist. Neben Goethe und der goetheschen Erkenntnisart bezog sich Steiner in seiner Dissertation *Wahrheit und Wissenschaft* (1892)[2] nachdrücklich auf Fichte mit dem Hinweis, so etwas wie ein »Vorspiel der Philosophie der Freiheit« zu intonieren. In der nachfolgenden Schrift mit dem Titel *Die Philosophie der Freiheit* (1893) wollte Steiner nach Art einer philosophischen Anthropologie das spezifisch Menschliche des Menschen und sein auf Erkenntnis gegründetes Handeln aufzeigen und das Wesen der Freiheit beleuchten.

Was den steinerschen Ansatz charakterisiert, ist die Erfahrbarkeit des Denkprozesses. Den Zielsetzungen seiner Zeit entsprechend ging es ihm um »seelische Beobachtungsresultate nach naturwissenschaftlicher Methode«, so der Untertitel von *Die Philosophie der Frei-*

heit. Dass das Denken als Faktor eines realen Weltprozesses und theoretischer Ausgangspunkt dieser Erkenntnisart besonders hervorgehoben wurde, ist insofern von Bedeutung, als sich von *Die Philosophie der Freiheit* eine Entwicklung zur übersinnlichen Wahrnehmung bzw. zur »geistigen Welt« verfolgen lässt. Auf sie will Anthroposophie vorbereiten, zumal sich das »reine Denken« bereits im sinnlichkeitsfreien, gegenstandsfreien Bereich bewegt.

ÜBER *DIE PHILOSOPHIE DER FREIHEIT*

»Ich suchte in meinem Buche darzulegen, dass *nicht hinter* der Sinneswelt ein Unbekanntes liegt, sondern *in* ihr die geistige Welt. Und von der menschlichen Ideenwelt suchte ich zu zeigen, dass sie in dieser geistigen Welt ihren Bestand hat. Es ist also dem menschlichen Bewusstsein das Wesenhafte der Sinneswelt nur so lange verborgen, als die Seele *nur* durch die Sinne wahrnimmt. Wenn zu den Sinneswahrnehmungen die Ideen hinzuerlebt werden, dann wird die Sinneswelt in ihrer objektiven Wesenhaftigkeit von dem Bewusstsein erlebt. Erkennen ist nicht ein Abbilden eines Wesenhaften, sondern ein Sich-hinein-Leben der Seele in dieses Wesenhafte. *Innerhalb* des Bewusstseins vollzieht sich das Fortschreiten von der noch unwesenhaften Sinnenwelt zu dem Wesenhaften derselben. So ist die Sinnenwelt nur so lange Erscheinung (Phänomen), als das Bewusstsein mit ihr noch nicht fertig geworden ist. In Wahrheit ist die Sinneswelt also geistige Welt; und mit dieser erkannten geistigen Welt lebt die Seele zusammen, indem sie das Bewusstsein über sie ausdehnt.«[3]

DIE WURZELN DER ANTHROPOSOPHIE

CHRISTLICHE UND ANGLOINDISCHE THEOSOPHIE

Wenn von Theosophie die Rede ist, denkt man in der Regel an die angloindische Theosophical Society, die Theosophische Gesellschaft, die 1875 in New York von der Russin Helena Petrovna Blavatsky (1831–1891) und einem Kreis von Geistesverwandten mit orientalistischen, okkultistischen bzw. mediumistischen und spiritistischen Interessen begründet wurde. Sie hat mittlerweile in verschiedenen Gruppierungen weltweit Verbreitung gefunden. Organisatorisch betrachtet ist auch die Anthroposophische Gesellschaft in Deutschland aus der Theosophischen Gesellschaft hervorgegangen. Doch schon Steiner legte großen Wert darauf, sich von der theosophischen Gesellschaft abzusetzen, wenn er bereits in seinen ersten »theosophischen« Vorträgen betonte, dass deren Okkultismus und die von ihm vertretene Geistesanschauung unvereinbar seien:

> Wir müssen die Dinge, welche an uns herantreten, mit klarem Bewusstsein und Verstand erfassen. Nicht zu willenlosen Werkzeugen dürfen wir uns machen, auch nicht der geistigen Mächte, denn diese können dann mit uns alles Mögliche treiben ... Die Einsicht, dass der Mensch nur unter Aufrechterhaltung seines vollen, freien Selbstbestimmungsrechtes mit den geistigen Wesenheiten in Beziehung treten sollte, gewinnt bei den führenden Spiritualisten[4] immer mehr Platz, und es dürfte nur eine Frage der Zeit sein, dass die andere, von den Theosophen gepflegte Methode der Geistesforschung auch von den Spiritisten adoptiert werden will ...

Werkzeuge sind beide, der theosophische Schüler und das spiritistische Medium; aber willenlos ist nur das spiritistische Medium.[5]

Auf einem anderen Blatt steht, ob und in welchem Maß diese Unterscheidung von der ersten Anhängerschaft verstanden und vollzogen worden ist. Außerdem ist zu berücksichtigen, dass Theosophie, zusammengesetzt aus griechisch *theos*, »Gott«, und *sophia*, »Weisheit«, im Allgemeinen eine auf der Basis von Intuition und Spekulation gewonnene, der mystischen Erfahrung benachbarte Gotteserkenntnis bezeichnet. Von ihr hebt sich zum Beispiel die kirchliche Theologie durch eine wissenschaftlich begründete Auseinandersetzung und Interpretation der biblischen Offenbarung ab. Nun suchte der um H. P. Blavatsky einst versammelte Gründerkreis, in dem sich Menschen mit den genannten esoterischen Interessen zusammenfanden, nach einer geeigneten Bezeichnung für seine Weltanschauung. Der Begriff »Theosophie« schien ihm einigermaßen passend zu sein. Offen bleiben mag, ob sich die Beteiligten darüber im Klaren waren, dass diese Selbstbezeichnung bereits im Neuen Testament vorkommt (*sophia tou theou*, »Weisheit Gottes«) und dass etwa im Protestantismus eine vielgestaltige Tradition christlich-theosophischer Prägung Geschichte gemacht hat. Zu ihr gehören Namen wie Jakob Böhme, Angelus Silesius, Oetinger, Novalis, Saint-Martin und Karl von Eckhartshausen. Die Genannten haben je auf ihre Weise bei unterschiedlicher persönlicher Prägung »theosophisch« gewirkt und bis in die Philosophie hinein Bedeutung erlangt, etwa bei Schelling, Troxler oder Immanuel Hermann Fichte. Die angloindische Theosophie, wie man sie zweckmäßigerweise nennen sollte, hat weder mit dem traditionell christlichen Ansatz noch mit der genannten Strömung mitteleuropäischer Geistigkeit Wesentliches gemein. Allenfalls bestehen Berührungspunkte. Aus diesem Grund ist eine klare Unterscheidung geboten.

Doch kehren wir zurück zu Rudolf Steiner und der von ihm entwickelten »Geisteswissenschaft«, die sich als Wissenschaft vom Geist bzw. als Einübung in die spirituelle Betätigung verstanden wissen will: Steiner trat zwar der Theosophischen Gesellschaft bei und wurde bei der Begründung der deutschen Sektion (1902) Generalsekretär an deren Spitze. Er verwandte auch mindestens ein Jahrzehnt hindurch die Bezeichnung »Theosophie« für die von ihm vertretene Spiritualität[6], wenngleich er stets darauf bestand, ohne Anleihen bei der bestehenden Theosophischen Gesellschaft auszukommen. Und aus Loyalität zu dieser Theosophischen Gesellschaft unter Annie Besant u. a. betonte er sogar das, was ihn mit dieser Gesellschaft verband. Doch inhaltlich legte Steiner seinen Schwerpunkt anders. Er knüpfte bewusst sowohl an jene christlich orientierte als auch an die mitteleuropäische Ausgestaltung der *ursprünglichen* Theosophie an und brachte dies auch wiederholt deutlich zum Ausdruck.[7] Wohl bezog Steiner sich vor allem während des ersten Jahrzehnts seiner Tätigkeit als Generalsekretär der Theosophischen Gesellschaft auf Veröffentlichungen H. P. Blavatskys und ihrer Anhängerschaft, aber auch dort wusste zum Beispiel Annie Besant, dass Steiner im Unterschied zu den »Theosophen« den christlich-rosenkreuzerischen Weg ging. Mit dem Anstoß zur Begründung der Anthroposophischen Gesellschaft (1912) und deren auch formaler Gründung nach dem Ausschluss Steiners aus der Theosophischen Gesellschaft (1913) war es ihm schließlich möglich, die von ihm anfangs eingeschlagene Richtung konsequent fortzuführen. Wenn auch die ihn begleitende Anhängerschaft der Anfangszeit nicht immer in der Lage war, seinen Weg mitzugehen.

Für Steiner kann es im Gegensatz zu einer sich »theosophisch« nennenden Bewegung nicht um ein undifferenziertes Nebeneinander von religiösen, mystischen, mediumistisch-okkultistischen oder ähnlichen Bestrebungen gehen. Vielmehr erhebt die Anthroposophie den Anspruch, eine weltanschauliche Bewegung zu sein, die auf der Grundlage christlich-abendländischer Geistigkeit in Philosophie und Gotteserkenntnis kulturerneuernd wirken will.

Ausgehend von einer Wirklichkeitserkenntnis, die die spirituelle Dimension bewusst einbezieht, strebt die Anthroposophie eine Lebensgestaltung an, die sich an Christus orientiert. Dieser christliche Kern erweist sich nicht als äußerlich bleibender religiöser Zierrat. Dennoch wird die Christologie Steiners von den Kirchen als häretisch, jedenfalls als mit der Botschaft des Neuen Testaments unvereinbar angesehen, was katholische wie evangelische Kritik bestätigen, wenn sie in der Anthroposophie eine Spielart des Gnostizismus sehen.[8] Trotzdem erscheint ein Dialog von Theologie und Anthroposophie angesichts vieler Berührungspunkte spätestens seit Mitte des 20. Jahrhunderts notwendig und sinnvoll.

GOETHEANISMUS UND ROSENKREUZERTUM

Zwei philosophische bzw. spirituelle Positionen gehören zu den Wurzeln, die das Wesen der Anthroposophie geprägt haben: zum einen der Goetheanismus, der Goethes Natursicht und Welterkenntnis zu dem fortentwickelt, was Steiner als »Geisteswissenschaft« bezeichnet; zum anderen das Rosenkreuzertum, das sich auf Christian Rosenkreuz als geistiges Zielbild bezieht, das, anthroposophisch betrachtet, bei entsprechender Vergegenwärtigung eine neue Sicht der Wirklichkeit zu geben vermag.

Bereits während seiner Wiener Studentenzeit in den achtziger Jahren des 19. Jahrhunderts wurde Steiner auf die Bedeutung Goethes als Naturbetrachter aufmerksam. Die Herausgabe der naturwissenschaftlichen Schriften Goethes, in der es Steiner um das Aufzeigen einer bestimmten Methodik ging, begleitete er mit Studien zur Erkenntnistheorie der goetheschen Weltanschauung. Deren Weiterentwicklung führte ihn dazu, in Goethe nicht nur den Dichter des *Faust* zu sehen, sondern auch den Vertreter einer Erkenntnishaltung, die Natur und Geist als eine dynamische und in Gestaltwandlungen, Metamorphosen, sich darstellende Ganzheit zu begreifen sucht.

> Im Sinne Goethes ist es, die verschiedenen Ebenen der Wirklichkeit für sich empirisch zu untersuchen, ihren spezifischen Gesetzen nach zu bestimmen, und dann die Interdependenzen zwischen den Wirklichkeitsebenen zu erforschen, wie das eigentlich auch die moderne Emergenztheorie versucht. Daraus ergibt sich eine erweiterte Sicht von Mensch und Welt. Die Welt der physikalisch-chemischen Kräfte macht nur die unterste Schicht der Wirklichkeit aus. Aber zu dieser Wirklichkeit gehören auch die hierarchisch höher geordneten Kräfte und Gesetze des Lebens, des Seelischen und des Geistigen.[9]

Das erste eigenständige Werk Steiners ist neben seinen Einleitungen zu Goethes naturwissenschaftlichen Schriften der *Erkenntnistheorie der Goetheschen Weltanschauung* (1886)[10] gewidmet. Die Wichtigkeit dieser Erkenntnisart machte Steiner durch den damals bereits vorhandenen, jedoch recht selten verwendeten Begriff des »Goetheanismus«[11] deutlich. Und das nach seinen Plänen und Anweisungen für die Bildung »goetheanistischer« Bauformen gestaltete Zentrum der anthroposophischen Bewegung in Dornach bei Basel, das zunächst Johannes-Bau hieß nach einer Johannes-Gestalt in Steiners Mysteriendramen, nannte er ab 1918 konsequent »Goetheanum«[12]. Dieser Name soll daran erinnern, dass Goethe als Autor der *Farbenlehre* und anderer naturkundlicher Studien den Weg für eine qualitativ betrachtende Sicht der prozesshaften Naturerscheinungen zur Anthroposophie hin bereitet hat.

Bei der Idee des Rosenkreuzertums[13] handelt es sich um einen Symbolzusammenhang, der in der Geschichte des esoterischen Christentums in der Neuzeit eine zentrale Bedeutung erlangt hat. Dasselbe gilt für die Einschätzung und Rezeption dieser Idee durch die Anthroposophie.[14] In letzterer geht es jedoch nicht darum, lediglich die auf den evangelischen Theologen Johann Valentin Andreae (1686–1754) und seinen Kreis zurückgehenden rosenkreuzerischen Manifeste *Fama* und *Confessio Fraternitatis* sowie *Chymische Hochzeit Christiani Rosenkreuz*[15] zu interpretieren, die am Vorabend des Dreißigjährigen Kriegs zwischen 1614 und 1616 erstmals im Druck erschienen sind und einen erstaunlichen Widerhall gefunden haben: Es meldeten sich in großer Zahl nicht nur Interessierte, die in den angeblichen Orden jenes fiktiven Christian Rosenkreuz[16] eintreten wollten, sondern auch solche, die sich selbst als dessen authentische Repräsentanten ausgaben, und nicht zuletzt diejenigen, die die Rechtmäßigkeit des Rosenkreuzertums energisch bestritten. Es geht der Anthroposophie vielmehr um die spirituelle Aussage der Texte als solche, d. h. sie bedürfen einer adäquaten Interpretation, insbesondere die *Chymische Hochzeit Christiani Rosenkreuz*. Steiner bemerkt dazu:

> Wer das Wesen der Erlebnisse kennt, welche die Menschenseele macht, wenn sie sich die Eingangspforten zur geistigen Welt eröffnet hat, der braucht nur wenige Seiten der »Chymischen Hochzeit Christiani Rosenkreuz Anno 1459« zu lesen, um zu erkennen, dass die Darstellung des Buches sich auf wirkliche geistige Erfahrungen bezieht. Subjektiv ersonnene Bilder verraten sich als solche demjenigen, der Einsicht in die geistige Wirklichkeit hat,

weil sie weder in ihrer eigenen Gestalt noch in der Art, wie sie aneinander gereiht werden, dieser Wirklichkeit vollkommen entsprechen können ... Man kann den geschilderten Erlebnissen gewissermaßen seelisch nachgehen und erforschen, was die Einsicht in geistige Wirklichkeiten zu ihnen zu sagen hat.[17]

Auf diese Weise richtete Steiner den Blick auf die in diesen Schriften sich aussprechende Geistesart, in der Christian Rosenkreuz als Typus eines geistig strebenden Menschen geschildert wird, der in exemplarischer Weise einen inneren Entwicklungsprozess durchlaufen hat. Dieser Prozess lässt sich mit dem alchymischen, auf Alchemie bezogenen Werk vergleichen, d. h. er unterscheidet sich von dem ausschließlich nach innen gerichteten Erleben eines Mystikers. Dass Steiner in seinen Vorträgen häufig auf den von J. V. Andreae erfundenen Christian Rosenkreuz Bezug nahm, bedeutet jedoch nicht, dass Anthroposophie eine bloße Erneuerung des Rosenkreuzertums darstellt oder mit den verschiedenen, sich rosenkreuzerisch nennenden Mysterienschulen[18] konkurriert.

Da Anthroposophie in erster Linie als ein Erkenntnisweg angesehen und vollzogen werden will, hat ihr Begründer das Doppelsymbol von Kreuz und Rose zum Ausgangspunkt der so genannten Rosenkreuz-Meditation gemacht. Dabei kommt es dem Geisteslehrer jedoch nicht darauf an, das in verschiedener Ausführung wiedergegebene Rosenkreuz meditieren zu lassen. Vielmehr soll der Meditierende durch ein anschauendes Denken und Vorstellen, durch Imaginieren, das Rosenkreuz gleichsam in sich aufbauen. Es geht darum, die dabei einzusetzenden Kräfte, die »bilderzeugende Seelentätigkeit«, zu aktivieren, ein Vorgang, wie er in der Meditation durch Aktivierung des »Denkwillens« vollzogen wird. Willentlich ist auszuschalten, was von innen oder von außen stört. Als Beispiel für Steiners Versuch, rosenkreuzerisches Gedankengut in meditative Praxis umzusetzen, sei die Rosenkreuz-Meditation hier kurz dargestellt:

Beginnen kann man damit, dass man etwa eine Pflanze, dann einen Menschen imaginiert, d. h. jeweils als Bild vor das innere Auge rückt und miteinander vergleicht. Man macht sich klar, inwiefern der Mensch gegenüber der Pflanze höher entwickelt ist, jedoch um einen gewissen Preis. Während in der Pflanze leidenschaftslos die Lebens- und Wachstumskräfte kreisen, ist das menschliche Blut von Leidenschaftlichkeit durchpulst. Es ist Ausdruck all dessen, was mit dem Emotionalen und mit der Egoität zusammenhängt. Man kann sich etwa sagen: Dort das Grün als Sinnbild der Leidenschaftslosigkeit, der Selbstlosigkeit; hier das Rot als Ausdruck des Emotionalen, des Ichhaften, im positiven wie im negativen Sinn. Der Mensch muss dem gleichsam paradiesischen Urbild des Pflanzenhaften nicht nachtrauern. Das entspräche einer psychischen Regression, einer Flucht vor der vollen Realität der menschlichen Existenz. Und dieses Menschliche erstreckt sich eben nicht allein auf die Bereiche des Vitalen und seiner »Bildekräfte«. Dem Menschen ist aufgetragen, diese Blutskräfte zu bejahen, sie aber auch zu transformieren. Das Kreuzessymbol bringt zum Ausdruck, dass ein Sterbevorgang durchlaufen werden muss, was als »mystischer Tod« bezeichnet wird. Martin Luther, der die Verbindung von Kreuz und Rose (Lutherrose) in sein Wappen aufgenommen hatte, sprach – wenngleich unter anderem Aspekt, aber im Einklang mit der mystischen Tradition – vom Sterben mit Christus und vom Erwecktwerden durch Christus.[19]

Wie auf ein Zielbild blicken wir nun auf die Rosen als Zeichen dieser Metamorphose, in deren Dienst letztlich auch die meditativen Vollzüge auf dem anthroposophischen Erkenntnisweg stehen. Gemeint ist eine Sublimierung, eine Verwandlung und Erneuerung des

Menschlichen in uns. Insofern symbolisiert die Rose die zu erfüllende Aufgabe, die dem Einzelnen wie der gesamten Menschheit aufgetragen ist. Man denke hier an den Gang der Evolution zum »Punkt Omega« im Sinne von Teilhard de Chardins Weltbild.

Aber wichtiger als ein bloßes Durchdenken der Menschheitstragik, in der es sowohl die Vertreibung aus dem Paradies des ganzheitlichen Lebens gibt als auch die Überwindung des Negativen und der Sterblichkeit durch die Erlösungstat Christi, ist für die meditative Übung, dass wir dieses Sinnbild seelenaktiv *in uns* erstehen lassen. Der Bildgehalt soll zum individuellen Erlebnis werden. Kreuz und Rose sollen als Symbol, d. h. innerlich zusammenfügend, vom Meditierenden ergriffen werden. Jetzt, da das Rosenkreuz durch die aktivierte Vorstellungskraft hervorgebracht worden ist, begleitet von der Stimmung, die sich mit Pflanze, Blut, Kreuz und Rose jeweils verbindet, verweilen wir meditierend-kontemplierend[20] bei der Ganzheit dieses Sinnbildes. Es ist in uns da, auch wenn wir schließlich aus der Meditation bzw. Kontemplation herausgehen und nach dem allmählichen Abklingen der inneren Eindrücke uns wieder unserem Alltag zuwenden.[21] Wesentlich ist, mit welcher Kraft Kreuz und Rose imaginiert werden können, sodass das Rosenkreuz als Ganzes in uns präsent geworden ist. Auf die Frage, welchem Zweck die zu erringende rosenkreuzerische Erkenntnis letztlich dienen soll, antwortet Steiner:

> Rosenkreuzer-Weisheit muss nicht nur in den Kopf gehen, auch nicht bloß in das Herz, sondern in die Hand, in unsere manuellen Fähigkeiten, in das, was der Mensch täglich tut. Es ist kein sentimentales Mitfühlen. Es ist ein Sich-Erarbeiten der Fähigkeiten, innerhalb des allgemeinen Menschheitsdienstes zu wirken … Auf die werktätige Erkenntnis, auf die Möglichkeit, aus der Erkenntnis heraus einzugreifen in das Leben – darauf kommt es an.[22]

Im Grunde ist damit die Anthroposophie als solche gemeint. Der Rosenkreuz-Mythos mit seiner Symbolik dient als Ausdrucksmittel für die Bestrebungen Rudolf Steiners als solche.

VON DER THEOSOPHIE ZUR ANTHROPOSOPHIE

Wenn die Kritik darauf hinweist, dass die steinersche Anthroposophie aus der angloindischen Theosophie H. P. Blavatskys hervorgegangen ist, so müssen hier der historische Tatbestand und die ideelle Eigengestalt der Anthroposophie auseinander gehalten werden, zumal sich die Anthroposophen der ersten Stunde als »Theosophen« bezeichneten.

Gruppierungen jener Theosophie, Ableger der Theosophical Society von 1875, gab es bereits in den achtziger Jahren des 19. Jahrhunderts, also noch zu H. P. Blavatskys Lebzeiten, in Deutschland. Betrachtet man die damalige allgemeine geistige Lage, dann ging es jenen Theosophen darum, der in der westlichen Welt vorherrschenden materialistischen Grundstimmung in Wissenschaft und Weltanschauung ein Korrektiv entgegenzusetzen. Die großen Erfolge in Naturwissenschaft und Technik ließen vergessen, dass ein ganzheitliches Wirklichkeitsverständnis auch der angemessenen Berücksichtigung der spirituellen Dimension bedarf. Die von Darwin und anderen begründete Evolutionslehre müsse, so forderte bereits H. P. Blavatsky, durch eine spirituelle Evolutionstheorie ergänzt werden, will sie nicht in einer materialistisch-positivistischen Einseitigkeit erstarren. Man meinte, die gleichzeitig in Erscheinung tretenden spiritualistischen Tendenzen, zu denen man Spiritismus, Mediumismus und andere okkulte bzw. parapsychische Aktivitäten rechnete, erlaubten und ermöglichten die Begründung einer adäquaten »Geisteswissenschaft«.

Um die Jahrhundertwende ergab sich nun folgende Situation: Die englische Präsidentin der Theosophical Society, Annie Besant, war bestrebt, eine deutschsprachige Sektion zu begründen und darin »theosophisch« gesinnte Zeitgenossen in einer Gemeinschaft zusammenzufassen. An ihrer Spitze sollte eine Persönlichkeit stehen, die eine der Bedeutung der »modernen« Theosophie angemessene, auch wissenschaftlich kompetente Repräsentanz gewährleistete. Zur selben Zeit sann der in seiner Lebensmitte stehende, in Berlin lebende Publizist und Schriftsteller Rudolf Steiner darüber nach, wie er den Ertrag seiner Erkenntnisarbeit an Menschen herantragen könne, die gleich ihm eine spirituelle Durchdringung von Kultur und Wissenschaft verlangten oder die dafür zu gewinnen waren. So bewegten sich diese beiden Bestrebungen aufeinander zu, obwohl Steiner ursprünglich von dem profillosen geistigen Konglomerat, das die Theosophenschaft damals darstellte, nicht gerade begeistert sein konnte. Gelegentliche Äußerungen belegen dies. Es mussten besondere Umstände eintreten, die seinen Beitritt zur Theosophischen Gesellschaft begründeten, wenn sich seine Motivation auch nicht gänzlich nachvollziehen lässt.

Durch seine Vortragsarbeit, die sich auf aktuelle philosophische und naturwissenschaftliche Themen bezog, war Steiner in der Öffentlichkeit, in bürgerlichen wie proletarischen Kreisen, bekannt geworden. Auch Berliner Theosophen wussten ihn als Redner und Lehrer zu gewinnen. Mit ihm meinte man, den geeigneten Initiator für eine wieder zu belebende Theosophische Gesellschaft in Deutschland[23] gefunden zu haben. So trat Steiner bei der Begründung der deutschen Sektion der Theosophical Society 1902 als Generalsekretär an deren Spitze. Unterstützt von seiner späteren Ehefrau Marie von Sivers gelang es ihm, aus bescheidenen Anfängen binnen weniger Jahre die deutsche Theosophenschaft zu vereinen und zahlreiche neue Mitglieder zu gewinnen. Seine bereits vorliegenden philosophisch-erkenntnistheoretischen Arbeiten, u. a. *Die Philosophie der Freiheit*, ergänzte er durch das, was er als »anthroposophisch orientierte Geisteswissenschaft« in Wort und Schrift darzustellen hatte. Bis gegen 1910 waren die wichtigsten anthroposophischen Grundschriften entstanden. Neben der allgemeinen Theosophischen Gesellschaft pflegte Steiner zur Förderung der spirituellen Erkenntnisarbeit eine persönliche Schülerschaft im Rahmen einer »Esoterischen Schule«.[24] Das geschah noch in recht enger Anbindung an die bestehende Theosophische Gesellschaft, wenngleich ihr Generalsekretär großen Wert auf die Feststellung legte, von den Lehrmitteilungen Madame Blavatskys und ihres Anhangs weit gehend unabhängig zu sein. Theosophie, wie er sie zu vertreten hatte, bezog sich geistesgeschichtlich betrachtet auf die im mitteleuropäischen Raum vorhandene, christlich geprägte Spiritualität.

Es zeigte sich aber bald, dass es in der von Adyar/Indien aus geleiteten angloindischen Theosophie Bestrebungen gab, die dem steinerschen Ansatz grundlegend widersprachen. Infolge einer spirituellen Lebenswende war für Steiner die Erscheinung Christi zum bestimmenden Faktor seiner eigenen Existenz und der Menschheitsgeschichte geworden. Es traten in der Theosophischen Gesellschaft jedoch mit Annie Besant Kräfte auf, die die bevorstehende Ankunft eines christusgleichen Weltlehrers (Maitreya Buddha) proklamierten. Als dessen Verkörperung war ein Hindu-Junge, Jiddu Krishnamurti (1895–1986)[25], ausersehen, der zur Übernahme seines ihm zugedachten Amtes regelrecht erzogen wurde. Nun bedeutete ein derartiges »Wiedererscheinen Christi« nicht nur einen eklatanten Widerspruch zur kirchlichen Tradition, sondern auch zu den Überzeugungen Steiners, der sich außerhalb des kirchlichen Christentums bewegte. Deshalb trat er derartigen Bestrebungen vehement entgegen und duldete keine Krishnamurti-Befürworter in der von ihm geleiteten deutschen Sektion. Von seiner bis etwa 1910 ausgeformten Christusanschauung her sprach er sich dagegen aus:

> Nur wenn man nicht weiß, dass der Christus der
> Repräsentant des ganzen Weltalls ist, und man sich
> nicht durchringen kann zu dieser Christusidee,
> zu der durch die Geisteswissenschaft die Elemente
> gegeben werden, nur dann kann man behaupten,
> dass der Christus mehrmals (als Mensch) auf Erden
> erscheinen könne.[26]

Die sich ergebenden Spannungen zwischen der Leitung der Theosophischen Gesellschaft unter Annie Besant und den Theosophen unter Rudolf Steiner gaben den Anstoß zur Begründung der Anthroposophischen Gesellschaft in den Weihnachtstagen 1912. Unmittelbar darauf, Anfang 1913, erfolgte der Ausschluss aus der Theosophical Society durch Annie Besant. Ein Großteil der etwa 2500 Mitglieder der deutschen Sektion folgte Steiner in die nunmehr eigenständige Anthroposophische Gesellschaft. Und am 20. September desselben Jahres wurde in Dornach der Grundstein jenes Baues gelegt, der zum Zentrum der mittlerweile auf 3000 Mitglieder angewachsenen Gesellschaft wurde und seit 1918 den Namen »Goetheanum« trägt.

DAS ANTHROPOSOPHISCHE MENSCHENBILD

Anthroposophie stellt nicht nur einen spirituellen Erkenntnisweg dar, sie will auch, wie ihr Name schon andeutet, ein Bild von Mensch und Welt vermitteln, in dem die verschiedenen Dimensionen der Wirklichkeit zu einer geistigen, seelischen und materiellen Ganzheit zusammengefügt erscheinen. Steiner hat sich hierzu vielfältig geäußert, sowohl in seinem geschriebenen als auch in seinem umfangreichen mündlich vorgetragenen Werk. Was das Menschenbild betrifft, so lassen sich in gebotener Vereinfachung zwei unter verschiedenen Gesichtspunkten entworfene Modelle nebeneinander stellen:

1. die *Viergliedrigkeit* des Menschen: Nach ihr kleidet sich die menschliche Individualität, der als Geistgestalt zu sehende Wesenskern oder das »Ich«, in drei voneinander deutlich unterscheidbare »Hüllen«, die physische Leiblichkeit, das Lebensgefüge und die seelische Struktur.

2. die *Dreigliedrigkeit* des Menschen, die während Steiners letzter Schaffensphase konzipiert und vor allem ab 1917 publiziert wurde: An ihr lässt sich der Zusammenhang von physiologischen Prozessen und seelischen Grundfunktionen darstellen. Der Dreigliederungsgedanke fand schließlich Anwendung im wirtschaftlichen, gesellschaftlichen und geistigen Leben, nämlich in der zunächst nur ansatzweise verwirklichten »Dreigliederungsidee des sozialen Organismus«[27].

LEIB, SEELE UND GEIST

Wie eine Anknüpfung an traditionelle anthropologische Vorstellungen mutet es an, wenn Steiner die Dreiheit (Trichotomie) von Leib, Seele und Geist darstellt.[28] Unter Berufung auf einen Gedanken Goethes wecken drei Bereiche die Aufmerksamkeit des Menschen:

So werden wir uns bewusst, dass wir in einer dreifachen Art mit der Welt verwoben sind, nämlich sinnlich wahrnehmend, sodann seelisch reagierend, schließlich das Wesenhafte einer Erscheinung erkennend und einschätzend. Aus dem Zusammenhang erhellt, dass Steiner nicht nur alte menschenkundliche Überlieferung fortsetzt. Für ihn ist der Mensch nicht eine Ganzheit, die sich aus Leib, Seele und Geist zusammensetzt. Vielmehr hat der Mensch in seiner individuellen Einmaligkeit und Unverwechselbarkeit, der Mensch als das individuelle Ich, an den drei Bereichen des Leiblichen, Seelischen und Geistigen teil. Er ist nicht einfach die Summe dieser drei Seinsbereiche, er gestaltet auf diesen Ebenen der Wirklichkeit *sich selbst*. Damit berühren wir bereits die Vorstellung von der Viergliedrigkeit seiner Existenz. Denn dieser sich selbst erlebende Mensch bedient sich des Physisch-Leiblichen und des Seelischen, um seine irdische Leiblichkeit aufzubauen. Er, das Ich, hüllt sich darein wie in ein Kleid; er bewohnt es wie ein Haus.

> So stellt sich die Seele als das Eigene des Menschen der Außenwelt gegenüber. Er erhält von der Außenwelt die Anregungen; aber Leiblichkeit wird zum Untergrunde des Seelischen … Den Gesetzen des Stoffwechsels ist der Mensch durch die Natur unterworfen; den Denkgesetzen unterwirft er sich selbst. Dadurch macht sich der Mensch zum Angehörigen einer höheren Ordnung als diejenige ist, der er durch seinen Leib angehört. Diese Ordnung ist die geistige.[30]

Diese Wesensbeschreibung stammt aus Steiners Frühzeit (1904). Zwei Jahrzehnte später hat er den Gedanken in seinen *Anthroposophischen Leitsätzen* noch einmal so formuliert:

---

17. ANTHROPOSOPHISCHER LEITSATZ

»Der Mensch ist ein Wesen, das in der Mitte zwischen zwei Welt-gebieten sein Leben entfaltet. Er ist mit seiner Leibes-Entwicklung in eine ›untere‹ Welt eingegliedert; er bildet mit seiner Seelen-Wesenheit eine ›mittlere‹ Welt, und er strebt mit seinen Geistes-kräften nach einer ›oberen‹ Welt hin. Seine Leibes-Entwicklung hat er von dem, was ihm die Natur gegeben hat; seine Seelen-We-senheit trägt er als seinen eigenen Anteil an sich; die Geisteskräf-te findet er in sich als die Gaben, die ihn über sich selbst hinaus-führen zur Anteilnahme an einer göttlichen Welt.«[31]

Ergänzend ist darauf aufmerksam zu machen, dass der hier gebrauchte Seelenbegriff Steiners sich nur auf den vom normalen Tages- oder Wachbewusstsein über-schaubaren seelischen Bereich beschränkt. Insofern deckt er sich nicht mit dem tiefenpsychologischen Be-griff der Psyche, der das individuelle und das kollektive Unbewusste mit umschließt.[32]

DER VIERGLIEDRIGE MENSCH

Der physische Leib mit seinen stofflich-materiellen Bestandteilen gehört zur mineralischen Welt. Von Lebenserscheinungen kann aber nur dort gesprochen werden, wo nicht nur physikalische Strukturen vorlie-gen und chemische Prozesse ablaufen. Stoffwechsel, Wachstum und Reproduktionsfähigkeit gehören zur Wesensart von Lebewesen. Solches Leben entfaltet sich bereits auf der Stufe des Pflanzlichen. Tiere und Men-schen haben an dieser Welt des Lebendigen je unter-schiedlich teil.

Gleichzeitig ragen Tier und Mensch über die pflanz-liche Sphäre hinaus. Um nun diesen Organismus, der die genannten Prozesse erst ermöglicht und regelt, als eine Ganzheit zu begreifen, die das Physische durchdringt, spricht Steiner vom *Lebensleib* und *Ätherleib*, um die der unmittelbaren Beobachtung entzogene Seite als eine Kraft und einen Funktionszusammenhang zu benennen. Irgendwelche Spekulationen, wie sie aus älteren Vorstellungen bekannt sind, etwa bei Paracelsus sowie in alchemistischen Zusammenhängen auftauchen, sind damit aber nicht verbunden.

Physischer Leib und Lebensleib repräsentieren erst die Stufe des pflanzlichen Lebens. Die Stufe tierischen Lebens ist bereits um eine Dimension reicher. Das Tier trägt nicht nur einen von Lebensvorgängen durchpulsten physischen Leib, sondern ist zugleich ein Wesen, das seelisches Empfinden äußert, und sei es auf die allerelementarste Weise des Reagierens. Das Tier erlebt im Rahmen seiner Gattung Sinnesreize und beantwortet sie. Es erlebt Lust und Schmerz. Es führt ein gewisses Eigenleben trotz der seiner Art vorgegebenen Instinkte und Triebe. Die Gesamtheit dieses seelischen Lebens lässt sich als *Seelenleib* bezeichnen. Steiner verwendet dafür auch den Begriff *Astralleib*.

Mit dem Tier hat der Mensch den Seelenleib gemeinsam. Und dennoch reicht diese Dreigestalt der Leiblichkeit noch nicht aus, um das *eigentliche* Wesen des Menschen hinreichend zu bestimmen. Das, was ihn zum Menschen macht, findet sich auf der Tierstufe noch nicht. Durch Dressurakte lassen sich dem Tier gewisse Leistungen abverlangen. Immer bleibt jedoch das Tier an seine Art gebunden. Insofern ist es *unfrei*. Was dem Tier fehlt und was den Menschen zu einem sich selbst erlebenden Wesen macht, ist das *Ich*.

Als Ich-Träger vermag der Mensch Selbstbewusstsein zu entwickeln und zu einem anderen Ich, dem mitmenschlichen Du, in eine volle, in Freiheit gestaltete Beziehung zu treten. Ich ist das Individuum. Als Ich-Träger vermag der Mensch Selbstbewusstsein zu ent-

wickeln und zu einem anderen Ich, dem mitmenschlichen Du, in eine volle, in Freiheit gestaltete Beziehung zu treten. Welt zu erleben und zu gestalten. Dieses Ich ist vor allem weiterer Entfaltung fähig. Deshalb
kann es nicht damit getan sein, die hier aufgeführten
menschlichen Wesensglieder nur in ihrer wechselseitigen Zuordnung zu beschreiben. Das entspräche
lediglich der *statischen* Seite anthroposophischer Menschenkunde. In den Elementarwerken, zum Beispiel
in *Theosophie* im Kapitel über Leib, Seele und Geist,
wird auch die *dynamische* Seite menschlicher Verwirklichung und Reifung geschildert. Knapp skizziert lässt
sich sagen:

Je nach Fähigkeit des Menschen, Empfindung, Verstand und volles Ich-Bewusstsein zu entfalten, ist im
Rahmen des viergliederigen Modells je eine Empfindungsseele, eine Verstandesseele und eine Bewusstseinsseele zu unterscheiden. So nimmt in einer noch
unentwickelten Form des Seelenleibes der Mensch wie
passiv und nur mit geringer Wachheit und Selbststän-
digkeit seine Umgebung wahr. Er antwortet auf sie
»empfindend«, etwa mit Lust oder Unlust. Diese Stufe
seelischen Erlebens entspricht der *Empfindungsseele*. Die
nächste Stufe wird erreicht, wenn der Empfindungsleib
in ähnlicher Weise mit Denkkraft durchdrungen ist wie
der Lebensleib die Physis durchwirkt. Dadurch entsteht
eine seelische Verfassung, in der die rationale Funktion
verstärkt wird. Steiner verwendet die Bezeichnung *Verstandesseele*. Eine dritte Stufe hat er schließlich *Bewusstseinsseele* genannt. Mit ihr entfaltet der Mensch seine
volle Ich-Wesenheit. Er öffnet sich für das Wahre,
Schöne und Gute. Er wird somit geistoffen.

Auf die Bewusstseinsgeschichte der Menschheit be-
zogen kann daher von einem Zeitalter der Empfin-
dungs- und einem Zeitalter der Verstandesseele gesprochen werden. Sie mussten zum Beispiel in der westlichen Welt durchlaufen werden, bevor die inzwischen

angebrochene Phase der Bewusstseinsseele erreicht und verwirklicht werden konnte.

Die im Menschen angelegten Entwicklungsmöglichkeiten seien an dieser Stelle wenigstens angedeutet: Spirituelle Arbeit – und natürlich nicht nur die im anthroposophischen Erkenntnisprozesses beschriebene Spiritualität – wirkt sich nach Steiner so aus, dass die menschlichen Leibeshüllen, Seelenleib, Lebensleib und physischer Leib, »bearbeitet« und bis zu einem gewissen Grad transformiert werden:

MENSCH UND GEIST

»In der Seele blitzt das ›Ich‹ auf, empfängt aus dem Geiste den Einschlag und wird dadurch zum Träger des Geistesmenschen. Dadurch nimmt der Mensch an den ›drei Welten‹ (der physischen, seelischen und geistigen) teil. Er wurzelt durch physischen Körper, Ätherleib und Seelenleib in der physischen Welt und blüht durch das Geistselbst, den Lebensgeist und Geistesmenschen[33] in die geistige Welt hinauf. Der Stamm aber, der nach der einen Seite wurzelt, nach der anderen blüht, das ist die Seele selbst.«[34]

DER DREIGLIEDRIGE MENSCH

Seit 1916/17 vertrat Rudolf Steiner mit Nachdruck den so genannten Dreigliederungsgedanken. Er sollte die Grundlage für seine Initiativen zu einer »Dreigliederung des sozialen Organismus« werden, die sich aus den Erfordernissen der Kriegs- und Nachkriegssituation ergaben. Bei der Dreigliederung wird von den seelischen Grundfunktionen des Vorstellens bzw. Denkens, Fühlens und Wollens ausgegangen. Die körperlichen Entsprechungen zum Seelischen des Vorstellens werden in den Vorgängen des Nervensystems gesehen. Man spricht daher vom *Nerven-Sinnes-System*. Repräsentiert wird es vor allem durch das Gehirn, die Wahrnehmungsorgane und die Haut. Diese Nerven-Sinnes-Sphäre, insbesondere die im Kopf liegenden Organe, bedürfen der Ruhe und einer gemäßigten Temperatur. Verlangt wird ein »kühler Kopf«, wenn die taghelle Bewusstseinsfunktion, eben das Denken und Vorstellen, erfüllt werden soll. Hier, wo die Kräfte der Verdichtung vorherrschen, drohen als Krankheiten die Gefahren der Verhärtung, der Sklerotisierung. Im Nerven-Sinnes-Bereich, in dem sich vornehmlich Abbauprozesse abspielen, haben wir gleichsam den Todespol des Menschen vor uns. Wahrnehmen und Erkennen werden schon in leiblicher Hinsicht mit einem Opfer an »Leben«, Vitalität, erkauft.

Diesem Todespol steht der Lebenspol gegenüber. Wir finden ihn in dem Bereich, in dem die Prozesse des organischen Aufbaus ihren Platz haben, also im Bereich des Stoffwechsels samt den dazugehörigen Funktionen. Im Vordergrund steht der Organzusammenhang, der u. a. durch Leber, Darm, Nieren, sodann durch Muskeln und Blut gebildet wird. In diesem Bereich des Aufbaus, der Stoffumsetzung und der Reproduktion haben wir den Wärmepol des Menschen zu sehen. Als Krankheitstendenzen sind daher Auflösungserscheinungen und entzündliche oder fiebrige Prozesse charakteristisch. Was die Bewusstseinshelligkeit angeht, handelt es sich um den Nachtbereich. Die körperlichen Vorgänge dieser Zone bleiben normalerweise unbewusst, sie steuern sich autonom. Sie korrespondieren mit dem Wollen. Das Wollen findet somit im Stoffwechsel-Gliedmaßen-System seinen körperlichen Ausdruck.

Zwischen den beiden Polen, die zugleich ein somatisches Oben und Unten symbolisieren, liegt auch organisch gesehen ein Zwischenbereich. Seine charakteristischen Organe sind Herz und Lunge sowie der sie zu einer Einheit zusammenschließende, den ganzen Körper durchpulsende Blutkreislauf. Die Vorgänge, die zwischen diesem Oben und Unten, zwischen den beiden

Polen, einen Ausgleich schaffen, sind durch sich wiederholende Bewegungsabläufe bestimmt, also durch rhythmische Vorgänge. Wir haben somit das *rhythmische System* vor uns. Es weist keine so klare Bewusstseinshelligkeit auf wie das Denken, das in der Nerven-Sinnes-Sphäre seinen Sitz hat. Es ist aber auch nicht jener tiefen Unbewusstheit unterworfen wie das im Stoffwechsel-Gliedmaßen-System verankerte Wollen. Hinsichtlich des Bewusstseins haben wir es im rhythmischen System mit einer Mittellage zu tun. Es kommt in unserem Fühlen zum Ausdruck. Steiner fasst das Ergebnis seiner Beobachtungen wie folgt zusammen:

> Die Seele erlebt fühlend, indem sie sich dabei ähnlich auf den Atemrhythmus stützt wie im Vorstellen auf die Nervenvorgänge. Und bezüglich des Wollens findet man, dass dies sich in ähnlicher Art stützt auf Stoffwechselvorgänge.[35]

DAS ICH ALS GEISTGESTALT

Auch bei einer sehr knappen Skizzierung des anthroposophischen Menschenbildes ist die zentrale Bedeutung des Ichs nicht zu vernachlässigen. Hier ist die zeitüberdauernde Individualität und deren Schicksal, das diese Verkörperung überragt, anzusprechen, d. h. die Idee der *wiederholten Erdenleben* (Reinkarnation[36]). Unter Ich ist nicht das empirische, alltägliche Ego, psychologisch die Persona, zu verstehen, sondern der menschliche Wesenskern, die aus dem Vorgeburtlichen kommende und über Tod und Grab hinausreichende Individualität. Der physische Mensch stammt von anderen physischen Menschen ab. Das prägt das biologisch-seelische Gefüge, also dasjenige, von dem wir sagen, dass wir es vom Vater oder von der Mutter geerbt hätten.

Aber als geistige Wesenheit hat der Mensch eine individuelle Gestalt, die ihm die Vorfahren nicht geben können. Sie ist ihm eigentümlich und daher nicht durch biologische Fakten, durch die Gene, bedingt. Der Mensch muss laut Steiner demnach schon vor seiner Geburt vorhanden gewesen sein.

Kennzeichnend für die steinersche Auffassung von den wiederholten Erdenleben ist es, dass sie sich nicht etwa von asiatischen Traditionen ableitet, die schon aus bewusstseinsgeschichtlichen Gründen ein ganz anderes Menschenbild haben. Vielmehr ergibt sich die Reinkarnationsidee für Steiner auf einem denkerischen Weg, wie seine Ausführungen u. a. in *Theosophie* zeigen.

KOSMISCHE ZUSAMMENHÄNGE

Die Anthroposophie vertritt den Anspruch, sich nicht allein auf die Begründung einer Menschenkunde zu beschränken, sondern sie gleichzeitig zu einer Welterkenntnis zu öffnen. Die auf eine Kosmosophie ausgerichtete Anthroposophie weicht freilich von den gängigen Lehrmeinungen ab. Obwohl Steiner als Naturwissenschaftler begann, gelangte er zu kosmologischen Schlüssen, die in erheblichem Widerspruch zu den allgemein anerkannten naturwissenschaftlichen Aussagen stehen.

In der Frage der Weltentstehung hebt Steiner die Grundannahme einer ausschließlich materiellen Ausgangsbasis auf. Dabei stützt er sich neben der von ihm geübten goetheschen Naturbetrachtung auf die ihm zugängliche »geistige Schau«. Nach ihr stellt die Erde einen ursprünglichen großen Lebensorganismus dar, ein zunächst undifferenziertes Chaos des Lebendigen. Aus ihm mussten sich erst nach und nach alle späteren Formen des Lebendigen, Pflanzen, Tiere, Menschen, herausbilden, wobei der Mensch im Gegenüber zur Tierwelt als der Ursprünglichere anzusehen sei. Tierische Lebensformen entsprächen demnach Abfall- oder Ausscheidungsprodukten dessen, was auf dem Weg der Menschwerdung des Menschen diesem Evolutionsziel nicht gemäß gewesen sei, was »abgelegt« werden musste.

Auf der Grundlage seines »Schauens« mittels der »Akasha-Chronik«[40] gelangte Steiner zu folgenden Auffassungen: Das Stoffliche hat sich aus dem Geistigen heraus entwickelt. Der physische Erdplanet entstammt einem »geistigen Weltwesen«, wobei das Geistige auch während der stofflichen Entfaltungsperioden das eigentlich leitende und formende Prinzip darstellte, in der Bibel ausgedrückt durch die Formel: »Gott schuf« (Genesis 1,1). Nicht nur der Mensch ist den Prozessen sich wiederholender Verkörperungen ausgesetzt. Auch die Erde stellt sich als die »Wiederverkörperung eines uralten Planeten« dar. Steiner unterscheidet verschiedene »planetarische« Zustände, zum Beispiel den des Saturn, der Sonne, des Mondes und schließlich die jetzige Verkörperung der Erde. Weitere Verkörperungen sollen folgen.

JESUS CHRISTUS
ALS VORBILD

Es liegt im besonderen Erkenntnisansatz Rudolf Steiners begründet, dass die Anthroposophie in einer Weise von Gott und Christus spricht, die sich von der traditionellen kirchlichen Theologie wesentlich unterscheidet. Anthroposophie konkurriert weder mit einer theologischen Disziplin, noch erhebt sie den Anspruch, eine religiöse Wirksamkeit zu entfalten. Sie beansprucht vielmehr, Geistes-*Wissenschaft* zu sein. Auch mit der aus anthroposophischen Lehrmitteilungen schöpfenden Christengemeinschaft, einer mit Steiners Unterstützung 1922 ins Leben gerufenen Bewegung für religiöse Erneuerung, darf die Anthroposophie nicht gleichgesetzt werden. Das Interesse an »Erkenntnissen der höheren Welten« ist zwar nicht mit dem Streben nach Gotteserkenntnis im biblisch-theologischen Sinn identisch, aber es gibt vielfältige Berührungspunkte. So kleidet sich zum Beispiel religiöse Erfahrung seit alters oftmals in übersinnliche Wahrnehmungsformen (Visionen, Auditionen, Träume), also in Erlebnisse, die nicht im Alltagsbewusstsein erfahren werden, sondern transpersonaler Natur sind.

Von Steiners Erkenntnisansatz aus sind weder ein Gottesbegriff nach Art der kirchlichen Dogmatik noch entsprechende Aussagen über Gott zu erwarten. Zweierlei lässt sich feststellen. Zum einen hätte Steiner eine personalistische Gottesvorstellung, die Vorstellung von einem »höchsten Wesen«, nicht genügt, um die Fülle, die Tiefe und Transzendenz des Absoluten auszudrücken und gleichzeitig auch dessen Immanenz mitschwingen zu lassen. Zum anderen bediente sich Steiner während seiner theosophischen Zeit bis etwa 1912 der in der theosophischen Literatur üblichen Begriffe. Die Aussagen über Gott in seinen Vorträgen bleiben meist recht allgemein. Er bevorzugt die Rede von einer »göttlich-geistigen Welt«, also von einer transzendenten Universalität, die sich mit menschlichen Begriffen oder Gedankenbildern nicht fassen ließe. Statt Theologie verwendet Steiner die Bezeichnung »Religionserkenntnis«. Sowohl innerhalb der Anthroposophischen Gesellschaft als auch im Gegenüber dieser Gesellschaft zur eigenständig organisierten Christengemeinschaft wird ein über Jahrzehnte sich erstreckender Disput geführt, der auch heute noch lange nicht abgeschlossen sein dürfte. Denn die Disputanten berufen sich üblicherweise auf Äußerungen ihres geistigen Lehrers. Und die lassen nicht immer die erwünschte Eindeutigkeit erkennen.

Steiners Beitrag zur Erweiterung des religiösen Bewusstseins wird deutlich vor dem Hintergrund der theologischen Situation am Ausgang des 19. und Beginn des 20. Jahrhunderts. Ein zentrales Thema stellte damals die Gestalt des Jesus von Nazareth dar, namentlich in der historisch-kritischen Leben-Jesu-Forschung, deren vorwiegend negativen Ertrag Albert Schweitzer zusammengefasst hat. In dieser Zeit beobachtete Steiner, dass sich die »moderne Theologie« nur noch mit dem Menschen Jesus und seiner historischen Existenz beschäftigte. Christus, von dem das Dogma etwa dem apostolischen Glaubensbekenntnis (Credo) gemäß Zeugnis ablegt, blieb im Hintergrund. Aufgrund eines esoterischen Christuserlebnisses sah sich der von freidenkerisch-atheistischen Vorstellungen herkommende Steiner veranlasst, einen Weg von Jesus zu Christus aufzuzeigen. Das geschah in Etappen, wie etwa ein Vergleich seines Buches *Das Christentum als mystische Tatsache* (1902) mit späteren Vortragsreihen, zum Beispiel *Von Jesus zu Christus* (1911), zeigt. In letzterer heißt es:

Der Jesus ist einzig und allein zu finden durch den Christus. Und es kann nie aus den Evangelien herausgeschält werden eine historische Biografie des Jesus von Nazareth, sondern der Mensch muss sich erheben durch richtige Entfaltung seiner Seelenkräfte zu dem Christus – und durch den Christus zu dem Jesus. Dann erst verstehen wir, was die Evangelien gewollt haben, und was verfehlt war in der ganzen Jesus-Forschung des 19. Jahrhunderts. Man hat das Christusbild in den Hintergrund treten lassen, um rein äußerlich aus historischen Urkunden einen greifbaren Jesus darzustellen. Man hat die Evangelien verkannt.[41]

Die »mystische Tatsache« des Christentums hat Steiner – wohl in Anlehnung an sein eigenes, von ihm jedoch nicht näher geschildertes Erleben um die Lebensmitte – ebenfalls als ein inneres Ereignis aufgefasst.

CHRISTUS IN UNS

»Man findet als Mensch in sich den Christus durch Selbsterkenntnis als den Führer, zu dem man seit Christi Erdenzeit immer gelangen kann, weil er immer im Menschen ist. Und man findet dann ferner, wenn man dasjenige, was man ohne die geschichtlichen Dokumente erkannt hat, auf diese anwendet, die wahre Natur dieser Dokumente. Sie sprechen geschichtlich etwas aus, was im Innern der Seele sich durch sich selbst offenbart. Sie sind deshalb zu jener Führung der Menschheit zu zählen, welche die Hinlenkung der Seele auf sich selbst bewirken soll.«[42]

Nur am Rande sei hier eine Besonderheit erwähnt: Steiner ist aufgrund der beiden sich unterscheidenden Stammbäume im Matthäus- und Lukasevangelium der Ansicht, dass es zwei Jesus-Knaben gegeben habe.[43]

Wichtiger dürfte sein, dass Steiner von der historischen Grundlage des irdischen Jesus von Nazareth ausgeht und dessen mystischen Christusaspekt durch die von ihm, Steiner, geschaute kosmische Bedeutsamkeit des Christusgeistes ergänzt. Denn indem Jesus bei der Jordantaufe (Markus 1, 9 ff.) den Christusgeist in sich aufnahm, indem er ferner während dreier Jahre wirkte, indem er schließlich die Stufen der Passion, des Kreuzestodes und der Auferstehung erklomm, teilte dieser Christus Jesus dem Organismus Erde einen belebenden Impuls mit, der menschheitliche Bedeutung hat, und zwar unabhängig von religiöser Zugehörigkeit oder vom Bekenntnis der Menschen. Bei aller Eigenständigkeit der Christusanschauungen bejaht Steiner doch auch viele wesentliche Elemente des kirchlichen Dogmas und akzentuiert sie neu. Die Unterschiede sind freilich nicht zu verkennen und oft genug Anlass zu behaupten, die Mitgliedschaft in der Anthroposophischen Gesellschaft sei mit dem kirchlichen Christsein unvereinbar. So jedenfalls lautet der immer wieder erhobene Vorwurf der kirchlichen Kritik, die die Weltanschauung Rudolf Steiners für eine »moderne Gnosis« hält. Gemeint ist eine neuzeitliche Spielart des antiken Gnostizismus, von dem man weiß, dass es sich um eine Vielfalt von Bewegungen handelte, die auf mythologischen Vorstellungen und einer spirituellen Erkenntnisart gegründet waren und mit der frühen Kirche konkurrierten.[44]

Zentrale Aussagen der kirchlichen Tradition sind aber auch im anthroposophischen Christusverständnis festgehalten, so die der Inkarnation des Christusgeistes in dem Menschen Jesus. Dazu ergänzt Steiner:

Als das Mysterium von Golgatha sich vollzog, ging das, was aus dem Kosmos eingestrahlt war, in die geistige Substanz der Erde über und ist seit jener Zeit mit dem Geiste der Erde verbunden ... Mit dem Eintritt des Christus in die Erdenentwickelung war ein völlig neuer Einschlag für diese Entwickelung gegeben.[45]

Damit ist der transformierende Impuls gemeint, den dieser Christus der irdischen Materie, dem Organismus Erde als Ganzes, mitgeteilt hat. Ein Vergleich mit der kosmischen Theologie des Jesuiten P. Teilhard de Chardin (1881–1955) liegt nahe.[46] So ist es der von Steiner immer wieder besprochene Christusimpuls, der den Menschen in der Christusnachfolge tätig werden lässt. Seine Erkenntnisbemühungen zusammenfassend schrieb Steiner gegen Ende seines Lebens über den Gott-Vater und Jesus Christus:

> Der Vater im Geiste kann wieder angesehen werden als das alles durchdringende Seiende. Durch die Erkenntnis des Christus, der, ein Wesen der außerirdischen Welt, in dem Menschen Jesus irdischen Körper annahm, erlangt die Kosmologie ihren christlichen Charakter. In den Geschehnissen der Menschheitsentwicklung wird der Christus miterkannt als das Wesen, dem ein Entscheidendes in dieser Entwicklung zugefallen ist. Und durch das Wiederanfachen der abgedämmerten Erkenntnis von dem »ewigen Menschen« wird das menschliche Gemüt aus der bloßen Sinneswelt, die das Ich-Bewusstsein entwickelt, zu dem Geiste gelenkt, der mit dem Vatergott und dem Christus zusammen in einer erneuten Erkenntnisgrundlage der Religion von der Seele verständnisvoll erlebt werden kann.[47]

DER ANTHROPOSOPHISCHE ERKENNTNISWEG

Die Anthroposophie ist in erster Linie als ein spiritueller Erkenntnisweg anzusehen, auch wenn im Vordergrund des allgemeinen Interesses die Formen praktischer Umsetzung stehen, von denen noch zu sprechen ist. Anthroposophie strebt eine Intensivierung und eine qualitative Erweiterung des Bewusstseins an. Statt lediglich irgendwelche Lehren zu übernehmen, die im steinerschen Denkgebäude durchaus ihren Platz haben und die nach Steiners eigener Anregung der kritischen Entgegennahme bedürfen, soll der suchende Mensch in Stand gesetzt werden, zu den Lehren entsprechenden Eigenerfahrungen zu gelangen. Schon in seinen frühen Vorträgen über *Die Mystik im Aufgange des neuzeitlichen Geisteslebens* (1901) hat Steiner hierzu Richtungweisendes ausgedrückt:

DER WEG DER INNEREN ERFAHRUNG

»Wer den Weg der inneren Erfahrung betritt, in dem erlangen die Dinge eine Wiedergeburt, und das, was an ihnen für die äußere Erfahrung unbekannt bleibt, das leuchtet dann auf. So klärt das Innere des Menschen sich nicht nur über sich selbst, sondern es klärt auch über die äußeren Dinge auf. Von diesem Punkte aus öffnet sich eine unendliche Perspektive für die menschliche Erkenntnis ... Aus der Selbsterkenntnis heraus wird die Welterkenntnis geboren. Und unser eigenes beschränktes Individuum stellt sich geistig in den großen Weltzusammenhang hinein, weil in ihm etwas auflebt, was übergreifend ist über dieses Individuum, was alles das mit umfasst, dessen Glied dieses Individuum ist.«[48]

Gemeint ist eine geistig-meditative Schulung, die in freier Entscheidung des Einzelnen zu vollziehen ist. An diesem Punkt wird deutlich, wie die u. a. in *Die Philosophie der Freiheit* (1894) entworfene Sicht des Menschen als eines in die Freiheit entlassenen Wesens ihre Gültigkeit behält. Aus dieser Sicht verbietet sich jeder Eingriff von der Seite etwa eines Gurus oder eines Seelenführers.

Auf diese Weise heben sich Steiners Übungen in einer doppelten Weise von älteren spirituellen Traditionen in Ost und West ab, also einerseits von den Übungen, die auf dem Boden des Hinduismus (Yoga) und des Buddhismus, einschließlich Zen, entstanden sind, andererseits von Praktiken, die im Raum des abendländischen Christentums entwickelt worden sind. Steiner macht weder bei den östlichen Versenkungsübungen Anleihen noch wiederholt er lediglich die christlichen Meditationsformen in den Mönchsorden, etwa der Wüstenväter, des ostkirchlichen oder des westlichen Mönchtums seit Benedikt von Nursia (6. Jahrhundert). Man darf auch nicht vergessen, dass die lebendige Tradition meditativer Erfahrung im Laufe der Jahrhunderte wiederholt unterbrochen worden ist; im Protestantismus[49] ohnehin trotz Luthers Eigenerfahrung; aber auch im Katholizismus trotz Ignatius von Loyola und seinen *Geistlichen Übungen* (*Exercitia spiritualia*). Dennoch ist in den letzten Jahrzehnten ein vielgestaltiges; zugleich eigenständiges meditatives Erfahrungswissen erarbeitet worden, in dem sowohl die reiche spirituelle Tradition in Ost und West als auch die auf dem Weg tiefenpsychologischer Forschung gewonnenen Einsichten integriert wurden.[50] Der anthroposophische Erkenntnisweg gewinnt in folgender Weise seine Eigengestalt:

1. Die Meditation muss in einer Weise umgesetzt werden, die der Bewusstseinslage des *heutigen* Menschen entspricht. Das heißt, der Meditierende muss sich freihalten von allen Elementen der Suggestion, der Fas-

zination oder Autorität, die ein Meditationslehrer ausüben könnte. Das Prinzip der Freiheit duldet lediglich die Anleitung und Beratung des Unerfahrenen durch den Erfahrenen.

2. Diese Freiheit hat auch grundsätzliche praktische Bedeutung. Auf die Mitwirkung der physischen Leiblichkeit, zum Beispiel in Form begleitender Atemübungen, Körperhaltung, Fastenregeln oder Enthaltsamkeitsvorschriften, wird verzichtet. (Die Erfahrung zeigt freilich, dass Atemregulierung und Körperhaltung bei der Vorbereitung auf Meditation und Kontemplation nicht gleichgültig sind.) Steiner setzt prinzipiell auf ein »leibfreies« Geisterleben. *Leibfreiheit* besagt, dass Übungen, zum Beispiel des Denkens, so einzurichten sind, dass nicht körperliche Wirkungen den Ausschlag geben, sondern die Initiative des wachen Ichs. Halluzinatorische Erscheinungen sind von vornherein auszuschließen, etwa analog dem, was auf dem Zen-Weg als das Durchschreiten des Makyo- oder Teufelsbereichs bekannt ist. Auch das Neue Testament mahnt: »Prüfet die Geister!« Keinesfalls jedes übersinnliche Erleben entspricht bereits einer geistigen Offenbarung.

3. Daher muss das Meditationsgeschehen in der Anthroposophie in allen Phasen *überschaubar* sein. Klarheit muss bestehen. Jede gefühlsbetonte Verschwommenheit ist zu meiden. Die von Steiner angeregte Meditation beginnt mit *Denk*-Übungen, ehe das Fühlen und Wollen einbezogen werden. Sie gehen auch voraus, bevor das »leere Bewusstsein« hergestellt wird, das bei Zen bereits von Anfang an bestehen soll. Es ist jener Zustand, den man willentlich herstellt, nachdem man einen Gedanken durchgearbeitet oder ein Meditationsbild in sich aufgebaut hat. Die Inhalte der Meditation sind in diesem Stadium zu löschen, und zwar unter Aufrechterhaltung des wachen Bewusstseins.

Der beim Denken ansetzende Meditationsweg Steiners führt zunächst dahin, dass die Welt der Objekte zu uns redet, und zwar durch kein Vorurteil, durch kein Vorherwissen verstellt, durch keine gefühlsmäßige Neigung oder Abneigung, Sympathie oder Antipathie beeinträchtigt. Doch das alles dient nur der Hinführung zum Eigentlichen. Zunächst ist der Seelenraum frei zu machen für die Einsprache, *Inspiration*, der geistigen Welt. Steiner spricht von *Imagination*, wenn eine übersinnliche Bildhaftigkeit auftaucht. Dieses Stadium ist zu durchschreiten, damit Inspiration möglich werden kann. In deren Steigerung kommt es zur *Intuition*, bei der die gewohnte Distanz von Subjekt und Objekt schwindet und eine spirituelle Kommunikation zustande kommt.[51]

DIE GOLDENE REGEL

»Jede Erkenntnis, die du suchst, nur um dein Wissen zu bereichern, nur um Schätze in dir anzuhäufen, führt dich ab von deinem Wege; jede Erkenntnis aber, die du suchst, um reifer zu werden auf dem Wege der Menschenveredelung und der Weltenentwicklung, die bringt dich einen Schritt vorwärts …«[52]

»Wenn du einen Schritt vorwärts zu machen versuchst in der Erkenntnis geheimer Wahrheiten, so mache zugleich drei vorwärts in der Vervollkommnung deines Charakters zum Guten.«[53]

DIE ANTHROPOSOPHIE ALS KULTURELLE KRAFT

Auf der Basis ihres dreigegliederten Menschenbildes und ihrer besonderen Weltdeutung brachte die Anthroposophie Ergebnisse hervor, die sich in ihrer Gesamtheit als Kulturimpuls begreifen lassen. Allerdings ist in der Öffentlichkeit nicht immer klar, von welchem geistig-weltanschaulichen Hintergrund die betreffenden praktischen Anstöße ihren Ausgang genommen haben. Der von Steiner und seiner Anhängerschaft gern benutzte Begriff »Impuls« ergibt sich aus dem geschichtlichen und sachlichen Kontext, da jeweils innovative Anstöße gemeint waren. Er meint nicht, dass ein Problem ein für alle Mal gelöst worden sei, sondern dass vielmehr Anregungen, ideelle und in die jeweilige Alltagswirklichkeit hineingetragene Anstöße zu einzelnen kulturellen Alternativen gegeben wurden.

DER KÜNSTLERISCHE IMPULS

Bei der praktischen Umsetzung des geistig Erarbeiteten stehen künstlerische Aktivitäten chronologisch betrachtet am Anfang. So kann von einem »künstlerischen Impuls« gesprochen werden, der sich auf mehreren Ebenen entfaltet hat: zuerst auf dem Gebiet der Bühnenkunst durch die vier Mysteriendramen, die Steiner schrieb und in den Jahren 1910 bis 1913 in München erstmals inszenierte. Von 1912 an trat Steiner mit »Eurythmie«[54], einer eigentümlichen Bewegungskunst, an die Öffentlichkeit. Als Heileurythmie wird sie auch therapeutisch genutzt. Sowohl für die Aufführung der steinerschen Mysteriendramen als auch für die euryth-

mischen Darbietungen wurde ein geeigneter Bühnen-
raum erforderlich. Zu diesem Zweck entwarf und er-
baute Steiner in Dornach das Goetheanum. In diesem
im Vollsinn des Wortes als Gesamtkunstwerk zu be-
zeichnenden Gebäude, das 1922 durch Brandstiftung
zerstört, dann in völlig neuer Gestalt wieder errichtet
wurde, kommt die für die anthroposophische Architek-
tur charakteristische »goetheanistische« Formenspra-
che zur Geltung. Weitere Anregungen finden sich auf
den Gebieten der Malerei, der Bildhauerei und der
Kleinodienkunst, der künstlerischen Verarbeitung von
Edelsteinen.

Generell geht es der Anthroposophie darum, zu einem Erleben des Geistigen durch die Kunst zu gelangen. Wie die Anthroposophie im ersten Viertel des 20.
Jahrhunderts einen Werdeprozess durchlief, nicht zuletzt durch die Ablösung von der einseitig orientalisie-
renden angloindischen Theosophie, so erlebte auch der
künstlerische Impuls eine historische Entwicklung. Dafür ist der Entstehungsprozess des späteren anthroposophischen Zentralbaus, des Goetheanums, ein Beispiel: Er reicht von einem Modell des Baus in Malch bei
Karlsruhe über die Gestaltung des Stuttgarter Zweig-
hauses zu den Strukturen, die ursprünglich für München vorgesehen waren und schließlich auf dem Dornacher Hügel verwirklicht werden konnten.[55] Der erste
Bau war vorwiegend in Holz ausgeführt, der zweite
nach dem Brand in Beton. Dieser Prozess zeigt einen
Evolutionsvorgang, der an ein Inkarnationsgeschehen
denken lässt.

Von besonderer Bedeutung ist auch die von Steiner
geschaffene, etwa neun Meter hohe »Gruppe«, in der
die Christusgestalt den Widersachermächten entgegen-
tritt. In ihr äußert sich ein »neues Denken«, das der
anthroposophischen Schau entspricht. Steiner verwendet gelegentlich auch die Bezeichnung »Sehertum«, die
ein »innerlich schauendes Vorstellen« meint, eine

Wahrnehmung übersinnlicher Art, wie sie auf dem anthroposophischen Erkenntnisweg meditativ übend angestrebt wird. Von Goethe als »Vater einer neuen Ästhetik« ausgehend suchte bereits der junge Steiner (1888)[56] das Schöne als eine Transzendierung und »Manifestierung geheimer Naturgesetze« zu begreifen.

KUNST UND GEISTIGES SCHAUEN

»Der Seher, der seine Seele so erweckt, dass er eine geistige Welt um sich haben kann, ist immer imstande, sein Seelenleben abzuwenden, abzulenken von alledem, was bloß äußerliche, sinnliche Wirklichkeit ist. Habe ich vor mir – ich spreche typisch, nicht individuell – ein Stück äußeren physischen Gegenstandes oder Vorganges, seherisch bin ich immer in der Lage, in dem Raum, an dem Ort, wo der Gegenstand ist, die Wahrnehmung für mich auszuschließen, sodass ich in dem Raume nichts sehe vom Physischen. Das ist das reale Abstrahieren, das dem Sehertum durchaus möglich ist. Man kann das nur bei Naturgegenständen, man kann das nicht bei dem, was wirklich künstlerisch geschaffen ist. Und das halte ich für etwas Bedeutsames. Keinem Kunstwerk gegenüber ist der Seher imstande, das Objekt, den künstlerischen Vorgang, vollständig auszuschließen, so wie er einen äußeren Vorgang ausschließen kann. Was wirklich künstlerisches Schaffen ist, vom Geist durchdrungen, bleibt geistig stehen vor dem Bewusstsein des Sehers …«[57]

»Der Seher fühlt sich verwandt mit Bezug auf das, was sein neues Denken ist, mit dem Architekten und dem Bildhauer. Er muss die Welt denken in einer solchen Art der Geistesformung, die unbewusst oder unterbewusst dem Bildhauer und dem Architekten bei seinem Schaffen zugrunde liegt.«[58]

PÄDAGOGIK ALS ERZIEHUNGSKUNST

Im steinerschen Werk lebt das Bestreben, dem menschlichen Schaffen in seiner Gesamtheit im Sinne eines Gestaltungsprinzips eine künstlerische Note zu verleihen, also sich nicht von bloßer Zweckmäßigkeit leiten zu lassen. Versteht Steiner unter Anthroposophie in erster Linie eine Erkenntnismethode, dann ist darauf aufbauend von ihrer praktischen Umsetzung zu sprechen. Damit ist vor allem ein pädagogisches Moment gemeint, das auch in der Biographie Rudolf Steiners eine wesentliche, seine Entwicklung bestimmende Rolle spielt.

Der anthroposophische Erkenntnisweg richtet sich ausschließlich an Erwachsene, ebenso trifft dies auf alle übrigen Lehrmitteilungen des »Geistesforschers« zu. Denn für das Beschreiten eines inneren Wegs ist ein kritikfähiges, waches Ich-Bewusstsein Voraussetzung, um jede auf Sympathie oder Voreingenommenheit beruhende Einstellung auszuschließen, auch jede Gängelung durch eine überragende Autorität, etwa die eines Lehrers. Anthroposophisches Menschenbild und Wirklichkeitsverständnis liegen ihrerseits der steinerschen »Erziehungskunst« zu Grunde.

Die oft für Steiners Erziehungskunst gebrauchte Bezeichnung »Waldorfpädagogik« geht auf die erste Schule dieses Typs zurück, die Steiner nach dem Ersten Weltkrieg (1919) für die Belegschaft der damaligen Waldorf-Astoria Zigarettenfabrik in Stuttgart entwickelte. Der von ihm geschaffene Schultyp sollte das Unterrichten, die Menschenbildung als solche, in Beachtung der inneren und äußeren Wachstumsgesetze des werdenden Menschen mit ganzheitlicher Zielsetzung praktizieren.

Will man die Elemente der Waldorfpädagogik beschreiben, eignet sich ein Fragment von Novalis (1772–1801), in dem es heißt: »Wenn man erst wissen wird, was ein Mensch ist, so wird man auch Individuen wahrhaft genetisch beschreiben können.« Setzt man für »Individuen« die Bezeichnung »Kinder« und für »beschreiben« das Wort »erziehen« ein, dann bezeichnet die Sentenz des romantischen Dichters und Denkers genau ein Leitprinzip in der Erziehungskunst Steiners.

Steiners pädagogische Initiative lässt sich jedenfalls nicht allein aus den äußeren Umständen einer einmaligen Krisensituation nach dem Ersten Weltkrieg ableiten oder erklären. Sie ist vielmehr in einer vertieften Menschenkunde, einer »Wissenschaft vom Menschen« begründet, eben in Anthroposophie. In ihr richtet sich das Augenmerk auf die Entwicklungsstadien des Kindes. Man müsse, so betont Steiner in seinen pädagogischen Vorträgen immer wieder, den Unterricht und das gesamte pädagogische Handeln »aus der Erfassung des inneren Menschen heraus« gestalten, eine wie selbstverständlich anmutende Forderung. Doch sie widerspricht bereits im Grundsatz Zielsetzungen, wie sie sich heute etwa aus dem Ausbildungsbedarf von Wirtschaft und Technik ergeben. Steiner erkannte, dass das vorherrschende naturwissenschaftlich-technische Denken aus sich heraus nicht in der Lage sei, der zeitgenössischen und der zukünftigen Problematik des menschlichen Existierens zu begegnen.

So darf man auch nicht in einem Denken verharren, das formal an einem Humanismus alten Stils festhält, während die Lebensbedürfnisse des heranreifenden Menschen innerhalb der von ökonomischen Gesetzen dominierten globalisierten Wissens- und Informationsgesellschaft zu wenig beachtet werden. Die Schule hat sich nach den Schülern zu richten, nicht nach den ausgesprochenen oder nicht ausgesprochenen Forderungen, die den jeweiligen Strömungen folgen und von außen an Schüler, Lehrer und Elternschaft herangetragen werden.

In einer Zeit des Niedergangs nicht nur weltanschaulicher Systeme und militärischer Machtblöcke, in der die platte Fortschrittseuphorie des Westens immer noch nicht überwunden ist, gilt es, solche Impulse aus der geistigen Welt heraus aufzunehmen, die geeignet sind, Mensch und Welt zu verändern. Dass die christlichen Kirchen nicht mehr die geistig-moralische Führung innehaben, fördert die Aktualität des steinerschen Ansatzes. Pädagogisch wirkt er sich in der Unterrichtsgestaltung aus, etwa in der nach sachlich-thematischen Epochen durchgeführten Stoffbehandlung, im frühen Sprachenlernen, in der nachdrücklichen Pflege des Musischen und in anderen Weisen kreativer Betätigung, sowohl in Ganzheitsschulen als auch in Einrichtungen der Berufsbildung.[61]

ANTHROPOSOPHISCHE HEILPÄDAGOGIK

Eine besondere Form der praktischen Verwirklichung hat der pädagogische Impuls Steiners auf dem Gebiet der Heilpädagogik erfahren. Ähnlich wie die Waldorfpädagogik setzt die auf denselben geistigen Grundlagen aufbauende Betreuung behinderter, oder wie man sagt: »seelenpflegebedürftiger« Menschen ein Menschenbild

voraus, das die Patienten nicht von ihren Mangeler-
scheinungen her zu verstehen und zu unterstützen
sucht, sondern von ihrer Individualität her und den
Schicksalsgedanken besonders berücksichtigt. Denn
nach ihm ist nicht der Mensch, das individuelle Ich, er-
krankt oder behindert, sondern dessen leiblich-seeli-
sche Körperlichkeit. Weltweit bestehen heute Institutionen, in denen auf dieser Grundlage in exemplarischer Weise heilpädagogische Arbeit geleistet wird.

ERWEITERUNG DER MODERNEN MEDIZIN

Während das steinersche Waldorfkonzept einen neuen
Schultypus entwirft, hat der Begründer der Anthroposophie seine Anregungen auf dem Feld der Medizin in anderer Weise gegeben. Er ist nicht etwa als Heiler
aufgetreten, um so etwas wie unmittelbare Kraftübertra-
gungen vorzunehmen. Doch kommt das anthroposophische Menschenbild auch hier zur Geltung. Anthroposophische Medizin in ihren einzelnen Fachrichtungen beansprucht nicht, die herkömmliche Schulmedizin zu
ersetzen, sondern diese unter Zugrundelegung anthroposophischer Einsichten zu ergänzen und zu *erweitern.*
Hierfür standen Steiner zu Beginn der zwanziger Jahre
nur sehr begrenzte Möglichkeiten zur Verfügung, da er
gleichzeitig von verschiedenen Innovationen anthroposophisch orientierter Praxis in Anspruch genommen war
und bereits 1925 verstarb. Dennoch gelang es ihm, einen Kreis von Ärzten zu deren Unterweisung und Beratung um sich zu scharen und zusammen mit der holländischen Ärztin Ita Wegman (1876–1943)[62] erste Leitli-
nien für eine Erweiterung der Heilkunst aufzuzeigen.[63]
In ihnen kommt die Vereinbarkeit naturwissenschaft-
lich-medizinischer Bildung und anthroposophischer
Menschenkunde zumindest umrisshaft zum Ausdruck.

Wenn diese Formulierung zunächst auf eine bloße Hinzufügung von Einsichten zu deuten scheint, so geht es Steiner doch um eine neue Qualität im gesamten ärztlichen Handeln, und zwar vom menschenkundlichen Ansatz bis hin zur Findung neuer Arzneien. Man muss sich nur vor Augen halten, was jeder leidende Mensch, zumal wenn er eine fachärztliche Behandlung benötigt, aus eigener Erfahrung weiß: Gerade in Medizin und Pharmazie hat die Entwicklung immer neuer theoretischer Konzeptionen und überaus differenzierter Techniken Ausmaße angenommen, die den Menschen als Individuum aus dem Blick geraten ließen – eine allerseits beklagte, geradezu paradoxe Situation! Als bewegte man sich immer noch ausschließlich in den Bereichen der klassischen Physik, dominiert in der Medizin ein Denken, das sich auf das Messbare und Zählbare, das Wägbare und Manipulierbare beschränkt. Der Mensch als das leidende und gerade in seinem Leiden und in seinem Bedrohtsein nach dem Lebenssinn fragende Wesen ist durch die – an sich unverzichtbare – »Apparate-Medizin« nicht zu »erfassen«. Ja es wird von ihm oft genug abstrahiert, als gäbe es nur die quantifizierenden Befunde und die davon abgeleiteten medizintechnischen Problemlösungen.[65]

Mit einer bloßen Hinzufügung weiterer medizinischer Vorgehensweisen, die Steiner nicht gemeint haben kann, ist es somit augenscheinlich nicht getan, wenn der Mensch als leiblich-seelisch-geistige Ganzheit in den Blick kommen und ernst genommen werden soll. Seine individuelle Biografie wie sein soziales und zivilisatorisches Verflochtensein wollen mitberücksichtigt werden. In einer derartigen Sicht haben auch die individuelle Krankheit, psychosomatische Schwächen und Anfälligkeiten ihren Platz. Letztlich kommt darin auch der karmische Gesichtspunkt zum Tragen, wie er sich in der anthroposophischen Menschenkunde findet.

Was die Heilmittelfindung und -herstellung betrifft, so hat Steiner in Zusammenarbeit mit Pharmakologen selbst eine Reihe von Anregungen gegeben.[66] Am bekanntesten ist die Herstellung von Mistelpräparaten für die Krebsbehandlung.[67] Die heute weltweit vertretene anthroposophische Produktionsgesellschaft Weleda AG mit ihren Sitzen in Arlesheim/Schweiz und Schwäbisch-Gmünd ging aus bescheidenen Anfängen hervor. Hinzu kamen weitere Labors mit verwandten Zielsetzungen. Sie gingen gegenüber herkömmlichen pharmazeutischen Vorgehensweisen neue Wege, vor allem hinsichtlich des Qualitätsstrebens, das in allen Phasen der Produktion beachtet wird. In dem gemeinsam mit Ita Wegman verfassten Grundlagenbuch heißt es hierzu:

> Die Erkenntnis der Heilmittelwirkungen beruht auf
> dem Durchschauen der in der außermenschlichen
> Welt vorhandenen Kraftentwicklungen. Denn, um
> einen Heilvorgang zu veranlassen, muss man Substanzen in den Organismus einführen, die in diesem
> sich so ausbreiten, dass der Krankheitsvorgang allmählich in einen normalen übergeht. Nun liegt
> eben das Wesen des krankhaften Vorganges darin,
> dass innerhalb des Organismus sich etwas abspielt,

das sich nicht eingliedert in die Gesamttätigkeit derselben. Das hat ein solcher Vorgang gemeinsam mit einem solchen der äußeren Natur. Man kann sagen: entsteht im Innern des Organismus ein Vorgang, der einem solchen der äußeren Natur ähnlich ist, so tritt Erkrankung ein ...[68]

Kennzeichnend für die von Steiner empfohlene Vorgehensweise ist, dass sie sich grundsätzlich nicht auf Einzelaspekte beschränkt, etwa auf die Behandlungsweise, die zu relativ vordergründigen Ergebnissen in der Symptombeseitigung führt. Immer ist der Mensch in den großen Zusammenhängen zu sehen, im leiblichen Bereich etwa in seinem Zusammenhang mit der Evolution, die auch die Natur durchgemacht hat, aus der die betreffenden Arzneien gewonnen werden. Hinzu kommt der Einsatz der von Steiner eigens entwickelten Heileurythmie bei bestimmten Situationen oder Fehlhaltungen. Zu nennen ist ferner die künstlerische Therapie (Kunsttherapie), die auch in Verbindung mit psychotherapeutischen Ansätzen, etwa nach C. G. Jung oder Karlfried Graf Dürckheim, angewendet wird.[69]

BIOLOGISCH-DYNAMISCHE LANDWIRTSCHAFT

Mit dem pädagogischen wie auch dem medizinischen Impuls gibt Steiner auf konkrete Anfragen nicht minder konkrete Antworten. Das trifft auch auf die Begründung der »biologisch-dynamischen Wirtschaftsweise« zu. Waren es dort Eltern und Lehrer bzw. Ärzte und Pharmazeuten, nicht zuletzt auch Patienten, die Steiner um Rat fragten, so waren es hier Landwirte und Gärtner, die von ihm in schwieriger Zeitlage nach dem Ersten Weltkrieg Anregungen für eine anthroposophisch fundierte Erneuerung von Landwirtschaft und Gartenbau erwarteten.

Nun ist Steiners landwirtschaftlicher Impuls nicht allein als eine berufsständisch bedingte Aufgabenstellung zu betrachten. Eher könnte man sagen: Lange bevor die Gesellschaft mit einer nach dem Krieg von 1914 bis 1918 noch großenteils in der Landwirtschaft beschäftigten Bevölkerung etwas von der Problematik ausgelaugter und durch Gifte aller Art belasteter Böden wusste, auch lange bevor man sich um die daraus sich ergebenden Folgen für Mensch und Tier sorgte, bot Steiner bereits eine umfassende Problemlösung an. Sie reichte über seine Lebenszeit weit hinaus, wie wir am Beginn des 21. Jahrhunderts ermessen können. Es ist nicht allein der biologische Landbau, für den er den Ackerboden und das Pflanzenwachstum »dynamisierende«, nach seinen Angaben hergestellte Naturpräparate in Auftrag gab. Steiner hatte mit seinem Impuls die Ausbildung eines weit blickenden ökologischen Bewusstseins im Sinn.

Eine der an Steiner herangetragenen Fragen kreiste zum Beispiel um Probleme des Düngens. Die im Ersten Weltkrieg zur Munitionsherstellung errichteten Fabriken, die u. a. Stickstoff aus der Luft gewannen, boten nach 1918 entsprechende Kunstdünger an. Die Bauernschaft war gespalten: Ein Teil der Bauern schwor auf diese »modernen«, die Erträge rasch steigernden Produkte, während andere an der herkömmlichen Wirtschaftsweise prinzipiell festhalten wollten, jedoch auf Erneuerung sannen. In dieser Lage erbat man praktikable Anweisungen von dem »Geistesforscher«, mit denen man der aktuellen Problematik begegnen könne. Er stellte sich dieser Herausforderung, und zwar im Frühsommer 1924 auf dem Gutshof des Grafen Carl von Keyserlingk (1869–1928) in Koberwitz bei Breslau.[70]

Der Vortragszyklus für eine Erneuerung der Landwirtschaft, der so genannte Landwirtschaftskurs, dokumentiert seine Ratschläge. Was Steiner zum Erstaunen der erfahrenen Landwirte in seinen thematisch wie inhaltlich weit ausholenden, andererseits bis in die konkreten Details der bäuerlichen Arbeit gehenden Vorträge, praktischen Demonstrationen und Gesprächen darbot, stellt die Begründung der biologisch-dynamischen Wirtschaftsweise. Sie hat eine Ökologie vor Augen, wie sie erst in der zweiten Hälfte des 19. Jahrhunderts als unumgängliches Erfordernis erkannt werden konnte. Steiner kritisierte nicht nur den damals noch im bescheidenen Maße üblichen Kunstdüngereinsatz. Er lenkte den Blick vor allem auf die großen Zusammenhänge, wie sie sich aus dem Lebens- und Schaffenskreislauf von Mensch, Tier und Pflanze ergeben. Dazu bezog er die mineralische Welt ebenso ein wie Sonnen-, Mond- und Planetenrhythmen. Folgende Worte eines Agrarfachmannes lassen etwas von der synoptischen, auf Zusammenschau gerichteten Vorgehensweise Steiners transparent werden:

BIOLOGISCH-DYNAMISCHE LANDWIRTSCHAFT

»Der zentrale Ansatzpunkt für das landwirtschaftliche und gärtnerische Tun ist hierbei, alle pflanzenbaulichen Maßnahmen auszurichten auf den Aufbau des Bodens, auf die Belebung des Erdigen; darüber hinaus aber auch für eine naturgemäße Vielfalt der Pflanzengesellschaft durch Fruchtwechsel, Heckenbau und Landschaftsgestaltung zu sorgen, sowie durch Regenwurm-, Bienen- und Vogelpflege und sinnvollen Einbezug gepflegter Haustierdünger die ausgleichenden Prozesse zu fördern. Rudolf Steiner zeigt, wie durch vertieftes Verstehen der Zusammenhänge, aus der landwirtschaftlichen Tradition Bekanntes, wie z. B. die Kompostbereitung, die Gründüngung, die Wiesenpflege besser zu nutzen sei, – gab aber auch weitere Hilfsmittel an, um die veranlagten Bilde- und Regulationsprozesse zu höherer Wirksamkeit anzuregen. So die Präparate Horn-Mist und Horn-Kiesel, um die Pflanzen verstärkt zum Lichte aufzuschließen, oder die Heilkräuterpräparate zur Anregung der Regulationsvorgänge im Zusammenspiel Boden – Pflanze.«[71]

DIE DREIGEGLIEDERTE GESELLSCHAFT

Angesichts des Menschenbildes, in dem das individuelle Ich eine zentrale Rolle spielt, angesichts der steinerschen »Philosophie der Freiheit« und nicht zuletzt angesichts des spirituellen Erkenntniswegs könnte der Eindruck entstehen, dass Anthroposophie eine betont individualistisch ausgerichtete Weltanschauung darstelle. Dem widerspricht der anthroposophische Kulturimpuls in seiner Gesamtheit. In Pädagogik, Heilpädagogik, Medizin und Landwirtschaft kommt jeweils zum Ausdruck, welch hohes Verantwortungsbewusstsein für Gesellschaft und Ökologie angesichts der zu bewältigenden Aufgaben vorausgesetzt wird. Darüber hinaus ging es Steiner darum, auch zu einem Beitrag bei der Bewältigung der zivilisatorischen Weltprobleme anzuregen. Ihn leitete der Gedanke:

> Eine fruchtbare Weltanschauung kann in unserem Zeitalter der Bewusstseinsseelen-Entwicklung nicht anders sein als eine solche, die auch Impulse gibt für das Zusammenleben der Völker. Ja, das war es, was von allem Anfange an unsere geisteswissenschaftliche Bewegung durchpulste: nicht sollte sie nur irgendeine sektiererische Bewegung sein ... Und so muss gerade im sozialen Leben aus dem Spirituellen heraus eine viel tiefer greifende, eine viel intensivere Idee den Menschen eigen werden.[72]

Steiner wagte, während und nach dem Ersten Weltkrieg in Beantwortung der an ihn gerichteten Fragen für eine Neugestaltung des sozialen Lebens zu wirken. Das vorgegebene Konzept des Einheitsstaates sollte aufgegeben werden zu Gunsten relativ eigenständig gegliederter Funktionsbereiche in Staat, Wirtschaft und Kultur.

Die Idee der »Dreigliederung des sozialen Organismus« versteht sich nicht als umzusetzende Staats-Utopie, sondern als Erkenntnismethode des Sozialen und als Impuls für eine situative Gestaltung sozialer Formen und Prozesse und ist bis heute Ausgangspunkt für Initiativen und Gründungen.[73]

Im Kern geht es um die Umsetzung und sachgemäße Zuordnung der Ideale der Französischen Revolution, d. h. der Freiheit für das geistige Leben, der Brüderlichkeit auf dem Sektor des wirtschaftlichen Miteinanders und des Gleichheitsgrundsatzes in allen Zusammenhängen der staatlich-rechtlichen Ordnung.

DREIGLIEDERUNG DES SOZIALEN ORGANISMUS

»In allen Einzelheiten des sozialen Lebens will sich der Impuls nach dem dreigegliederten sozialen Organismus auswirken:

1. Entwicklung des Menschen in allen seinen Fähigkeiten durch das selbstständige Geistesleben;

2. Herstellung der Menschenrechte durch den Ausschluss aller nicht allgemein-menschlichen Interessen vom Rechtsboden;

3. Gerechte Güterverteilung in einem richtigen Wertgestaltungsverhältnis der Güter (Waren) durch Umgestaltung des gegenwärtigen Kapital- und Lohnsystems.«[74]

Allerdings darf nicht verschwiegen werden, dass die vielseitigen, mit politisch Verantwortlichen besprochenen, aber den gängigen Denkgewohnheiten fremden Konzepte und Aktivitäten in den genannten Krisenzeiten nicht zu den erwarteten Ergebnissen geführt haben. Aber die Idee einer Entflechtung von geistig-kulturellem Leben und wirtschaftlichen und politischen Machtstrukturen, wie sie nicht erst heute, angesichts der Globalisierungstendenzen, gefordert wird, ist als Leitbild geblieben. Sie kommt in der Gegenwart in zahlreichen Einrichtungen unter anthroposophisch orientierter Führung zur Geltung. Hier sind an erster Stelle die

Waldorfschulen zu nennen als Ausdruck eines freien Geisteslebens, ferner Banken und andere Institutionen, die zum Beispiel auf dem Gebiet der Heilmittelherstellung in das allgemeine Wirtschaftsleben integriert sind. Praktisch soll diese Entflechtung darin bestehen, dass weder wirtschaftliche »Sachzwänge« noch politische Interessen das geistige Schaffen einschließlich Wissenschaft und Bildung bestimmen dürfen. Wie weit Wunsch und Wirklichkeit voneinander entfernt sind, ist jedoch hinreichend bekannt.

DIE CHRISTENGEMEINSCHAFT

Streng genommen ist die Christengemeinschaft, die sich als eine »Bewegung für religiöse Erneuerung« versteht, nur bedingt als ein Resultat der Anthroposophie und der aus ihr hervorgegangenen kulturellen Impulse anzusehen. Doch in der zu Beginn der zwanziger Jahre in Aktion getretenen anthroposophischen Bewegung, die nicht mit der Anthroposophischen Gesellschaft gleichzusetzen ist, kommt der Christengemeinschaft eine besondere Bedeutung zu. Weil Anthroposophie ihrer Definition gemäß einer Erkenntnisbestrebung dienen will, steht sie der religiösen Betätigung im Rahmen einer kirchlichen Konfession fern. Das schließt jedoch so etwas wie eine Doppelmitgliedschaft nicht aus. Man kann also Anthroposoph sein und sich gleichzeitig der Christengemeinschaft verbunden fühlen, zumal Erkenntnisbemühung und religiöse Praxis nebeneinander bestehen können und miteinander zu vereinbaren sind.

Die Christengemeinschaft versteht sich zwar als Kirche, verlangt von ihren Mitgliedern jedoch nicht den Austritt aus anderen religiösen Gemeinschaften. Ebenso wenig wird von Mitgliedern der Anthroposophischen Gesellschaft ein Kirchenaustritt oder dergleichen erwartet. Dennoch ist seit Begründung dieser Bewegung für religiöse Erneuerung im September 1922 ein Spannungsverhältnis zur Kirche nicht zu leugnen. Unbestritten ist jedenfalls die Eigenständigkeit dieser »neuen Kirche«[75]. Sie ist ausgestattet mit einem eigengeprägten Kultus und den traditionellen sieben Sakramenten der alten Kirche, also analog dem Katholizismus. Ihre Gottesdienste und Amtshandlungen (Kasualien) werden von einer hierarchisch gegliederten, aus Männern und Frauen bestehenden Priesterschaft vollzogen, die prinzipiell an keine dogmatischen Normen gebunden sein soll. Einschränkend ist jedoch hinzuzufügen, dass die Texte der gottesdienstlichen Rituale keine eigenwillige Abwandlung erlauben. Gemäß Stiftung bzw. Vermittlung Steiners ist der im Ritualbuch eines Priesters oder einer Priesterin festgehaltene Wortlaut uneingeschränkt gültig. Anders als die Agenda eines kirchlichen Pfarrers sind diese Texte nicht gedruckt erhältlich. Es wird Wert darauf gelegt, dass das gottesdienstliche Wort seinen unmittelbaren Wortcharakter behält. Daher soll es auch nicht von Außenstehenden, am Gottesdienst nicht Teilnehmenden diskutiert werden.

Die Mitglieder der Priesterschaft sind sich bewusst, an einer Erneuerung der kirchlichen Tradition teilzuhaben, die den Charakter einer Neuoffenbarung hat, da sie einer dem heutigen Bewusstsein angemessenen Vergegenwärtigung der Christustatsache entspricht. Das kommt bereits in der sprachlichen Gestalt der »Menschen-Weihehandlung« – so die Bezeichnung des aus Liturgie, Predigt und Sakrament (Eucharistie bzw. Abendmahl) bestehenden Hauptgottesdienstes – zum Ausdruck.

Schon 1917, also fünf Jahre vor der Begründung der Christengemeinschaft, hatte Steiner den Charakter der Anthroposophie im Hinblick auf Religionen und Religiosität wie folgt beschrieben:

Man kann nicht Anthroposophie unmittelbar zu einer Religion machen. Aber aus wirklich verstandener Anthroposophie wird auch ein wirklich echtes, wahres, ungeheucheltes religiöses Bedürfnis entstehen. Denn die menschliche Seele braucht verschiedene Wege, um auf der Bahn ihres Zieles heraufzusteigen. Die menschliche Seele braucht nicht nur den Weg durch ihre Erkenntniskräfte, die menschliche Seele braucht auch das Durchglüht- und Durchwärmtsein mit jener Art, sich zur geistigen Welt zu stellen, wie es in dem religiösen Bekenntnis, in wirklich religiösem Empfinden vorliegt.[76]

Berücksichtigt man, dass ein Großteil des steinerschen Vortragswerks den vier Evangelien sowie zentralen Inhalten des Christentums gewidmet ist, kann leicht der Eindruck entstehen, Steiner verfolge damit religiöse Ziele, etwa eine Religionsgründung oder eine Kirchenbildung. Aber davon kann schon deshalb nicht die Rede sein, weil Anthroposophie in der besprochenen Weise »Wissenschaft« vom Geist zu sein behauptet. Deshalb sah Steiner sich wiederholt veranlasst, seine Position näher zu bestimmen, zum Beispiel in einem Berliner Vortrag, in dem er ebenfalls 1917 das Christusmysterium, das »Mysterium von Golgatha«, als die eigentliche Stütze der von ihm vertretenen Geisteswissenschaft auswies. Doch gleichzeitig schränkte er ein:

ANTHROPOSOPHIE UND RELIGION

»Man sollte Geisteswissenschaft nicht geradezu zur Religion machen, sondern man sollte sich klar sein darüber, dass Religion in ihrem lebendigen Leben, in ihrem lebendigen Geübtwerden innerhalb der menschlichen Gemeinschaft das Geistbewusstsein der Seele entfacht. Soll dieses Geistbewusstsein im Menschen lebendig werden, so kann der Mensch nicht bei abstrakten Vorstellungen von Gott oder Christus stehen bleiben, sondern er muss immer erneut in der religiösen Übung, die ja für die verschiedenen Menschen die verschiedensten Formen annehmen kann, darinnen stehen.«[77]

Erneuerungsbewegungen hat es in der Kirche immer wieder gegeben. Man denke nur an die zu Kirchenspaltungen führenden Reformen, insbesondere an die Reformation Martin Luthers[78]. Was sich hier, angeregt durch Steiner, manifestierte, war eine Initiative, die nicht in erster Linie aus theologischen Erwägungen hervorging, sondern aus einem tiefer angelegten Zeitbedürfnis heraus, das die von schweren Schicksalsschlägen getroffenen Menschen nach dem fragen ließ, was Not tut.

Dennoch soll die Entstehung der Christengemeinschaft auch theologiegeschichtlich eingeordnet werden. Auf der einen Seite hatte der Erste Weltkrieg die Fragwürdigkeit der bürgerlichen Religiosität ebenso entlarvt wie die mangelnde geistliche Tragfähigkeit der Theologie des so genannten »Kulturprotestantismus«. Auf der anderen Seite verlangte die von den Schlachtfeldern zurückkehrende junge Generation nach einer geistig-seelischen Neuorientierung. Das in theologischen Kreisen einsetzende Umdenken nahm mancherlei Formen an. Am wirksamsten erwies sich im Protestantismus für die nächsten Jahrzehnte die an Karl Barth sich ausrichtende »Dialektische Theologie«. Wer sich jedoch von Steiners Vortragszyklen über die Christusoffenbarung und die Evangelien angesprochen fühlte, konnte den barthschen Ansatz nicht nachvollziehen. Mit Rittelmeyer sagte man sich:

Für die Theologen der Christengemeinschaft muss die theologische Erörterung in die zweite Linie treten gegenüber der Not der unmittelbaren religiösen Lebensaufgaben. Je mehr aber ein geisteskräftiger Nachwuchs für die Probleme ein positives Interesse gewinnt, die die Christengemeinschaft zu stellen hat, um so mehr wird es möglich werden, die neue Theologie im vollen Umfang zum Dasein zu bringen, die aus dem Erlebnis in der Christengemeinschaft geboren wird.«[79]

Und dieses Erlebnis basiere auf dem »Leben und Wirken des gegenwärtigen Christus«.

Es waren vorwiegend junge Menschen, nicht nur Theologen, die am Anfang ihres beruflichen Lebens sich Rat suchend an Rudolf Steiner selbst wandten. So wie Vertreter anderer Berufsgruppen – Pädagogen, Ärzte, Künstler, Landwirte, Politiker, Wirtschaftsvertreter – sich von ihm für ihren Bereich entscheidende Wegweisung erhofften, so auch evangelische Theologen bzw. Theologiestudenten und religiös bewegte Menschen aus anderen Berufen, darunter einige Frauen.

Auf deren ausdrückliche Bitte hin hielt Steiner eine Reihe von Vorträgen, in denen er auf ihre Probleme und Erwartungen einging.[80] Der Interessentenkreis wuchs und es bildete sich eine Gruppe heraus, deren Mitglieder bereit waren, die aus dem Angebot Steiners sich ergebenden persönlichen Konsequenzen zu ziehen, d. h. geistig-geistlich tätige Mitarbeiter zu werden. Gewicht erhielt dieser Kreis vor allem dadurch, dass einige namhafte ältere Theologen das Projekt unterstützten, an ihrer Spitze der aus der bayerischen Landeskirche kommende, dann 1916 bis 1922 in Berlin tätige Pfarrer Lic. theol. Dr. phil. Friedrich Rittelmeyer (1872–1938)[81], ein angesehener, in der betont lutherischen Landeskirche nicht unumstrittener Vertreter des theologischen Liberalismus. In den Jahren vor dem Ersten Weltkrieg war es zwischen ihm und der konservativ eingestellten Kirchenleitung und Pfarrerschaft zu heftigen Auseinandersetzungen gekommen.[82] Dem Elan der jungen Generation war es letztlich zu verdanken, dass Steiner nach anfänglichem Zögern sich für die Einrichtung bzw. Stiftung einer eigenständigen religiösen Erneuerungsbewegung gewinnen ließ.

Dass religiöse Erneuerung, die diesen Namen verdient, nicht allein auf organisatorischem Weg, auch nicht durch bloße Verneinung des Bestehenden zu gründen sei, war allen Beteiligten klar. Gefragt war die geistige Substanz, die in neue religiöse Formen gegossen werden musste. Wer aus dem Krieg zurückgekommen war und als Student an den Universitäten richtungweisende Lehrergestalten zu finden hoffte, wandte sich vielfach enttäuscht ab, da die Lehrstuhlinhaber weiterhin in altbekannter Manier dozierten. Dagegen erlebte manch einer das Anfeuernde, Inspirierende in den Vorträgen Steiners. Dessen Zutrauen war groß, dass Steiner eine neue Evangelienerkenntnis vermitteln könne als Basis für einen kirchlichen Neuanfang. Dieser Neuanfang sollte aber eben nicht »Kirche« im herkömmlichen Sinn, nicht Institution, sondern gegenwartsgemäße und zukunftsgerichtete »Bewegung« sein, deren Grundlagen aus der geistigen Welt heraus kommen. Die Beteiligten waren überzeugt, dass sie durch ihre Mitarbeit an diesem Neuanfang geradezu an einem Offenbarungsgeschehen neuer Art teilnähmen. In Steiner erblickten sie einen spirituell Bevollmächtigten, der nach eigenem Geständnis in seiner Lebensmitte eine spirituelle Kehre, ein »Damaskus-Erlebnis«, durchlaufen hatte und somit zu einer Wende in seinem gesamten Leben und Schaffen gekommen war: »Auf das geistige Gestanden-Haben vor dem Mysterium von Golgatha in innerster ernstester Erkenntnis-Feier kam es bei meiner Seelen-Entwickelung an.«[83]

Den Anspruch, Theologe zu sein oder Kirchenleute belehren zu wollen, erhob Steiner nie. Dennoch bescheinigten ihm so kompetente Augenzeugen wie der Nürnberger Theologe Dr. Christian Geyer (1862–1929)[84], auf welchem hohen geistig-geistlichem Niveau er in den Theologenvorträgen an der Lösung der ihm gestellten Aufgabe arbeitete. Am 16. September 1922 vollzog Friedrich Rittelmeyer erstmals den erneuerten Gottesdienst, die Menschen-Weihehandlung.

DIE BEWEGUNG UND
DIE GESELLSCHAFT

Wie eingangs aufgezeigt, ist die Anthroposophische Gesellschaft eine Organisation. Sie ist aus der Theosophischen Gesellschaft hervorgegangen, deren deutsche
Sektion Rudolf Steiner in weit gehender geistiger Unab-
hängigkeit aufgebaut und geleitet hat. Spricht man von
der »Anthroposophischen Bewegung«, sind Entwicklungen gemeint, wie sie sich in praktischer Umsetzung
des anthroposophischen Impulses noch zu Steiners Lebzeiten, d. h. bis 1925, ergeben haben. Man muss sich vor
Augen halten, dass sich die ursprünglichen Theosophen
angloindischer Provenienz aus einer wenig differenzier-
ten Klientel zusammensetzten. Ein Großteil der Mitglieder war an Steiner als Okkultist interessiert, also
daran, dass an der Spitze der Organisation ein Lehrer
stand, der mit jenen besonderen spirituellen Fähigkeiten
ausgestattet war, die man als »geistiges Schauen«, als
»Erkenntnis der höheren Welten« zu bezeichnen pflegte. Anfangs bediente sich auch Steiner des bei den
Theosophen üblichen Vokabulars und sprach analog zu
H. P. Blavatskys »Geheimlehre« von »Geheimwissenschaft«, wie auch der Titel seines Schulungsbuches lautet. Er beabsichtigte jedoch, »Geistesschüler auf den
Pfad der Entwicklung« zu führen, ohne es bei einer bloßen Wissensanhäufung bewenden zu lassen. Der von
Steiner vertretene Goetheanismus bzw. die rosenkreuzerische Grundhaltung zielte auf die Erprobung und Verwirklichung im konkreten Leben hin. Anthroposophie
sollte nicht Selbstzweck sein und lediglich die »esote-
risch« verbrämten Vorlieben einiger Leute befriedigen.
    Dass die Konkretisierung des spirituell Erarbeiteten
nicht jedermanns Sache war, zeigte sich nach Ablauf der

ersten Phase der Gesellschaftsentwicklung, d. h. nach Beendigung der ersten sieben Amtsjahre Steiners als Generalsekretär der Theosophischen Gesellschaft von 1902 bis 1909, an einer inneren Opposition. In dieser Zeit waren vornehmlich Erkenntnisgrundlagen in Wort und Schrift zu schaffen, die heute zum Grundbestand anthroposophischer Lehrbildung gehören. Ehe Steiner selbst in der Lage war, sich mit konkreten Vorschlägen und Anstößen an eine breite Öffentlichkeit zu wenden, musste er die Mitglieder der Theosophischen, später der Anthroposophischen Gesellschaft mit dem Ideengut vertraut machen. Dazu war der Aufbau vieler örtlicher »Logen« bzw. »Zweige« notwendig.

In einem zweiten Jahrsiebt, 1909 bis 1916, ging es darum, die Erkenntnisarbeit auch künstlerisch-gestaltend sichtbar zu machen. In diesem Zeitraum kamen die vier Mysteriendramen zur Aufführung, ebenso die Eurythmie als Bewegungskunst. Der Goetheanum-Bau in Dornach sowie weitere künstlerische Aktivitäten nahmen erste Formen an.

In den allgemeinen Krisenjahren des dritten Jahrsiebts, 1917 bis 1924, war Anthroposophie herausgefordert, jene kulturerneuernden Impulse freizusetzen, die u. a. in Pädagogik, Medizin und Landwirtschaft, aber auch angesichts weiterer Aufgabenstellungen Gestalt erhielten. Zusätzlich war die ernste, bisweilen gefahrvolle Konfrontation mit einer vielseitigen Gegnerschaft zu bestehen, die dem Werk Steiners den Kampf angesagt hatte. Die Inbrandsetzung des Goetheanums in der Silvesternacht 1922 zeigt dies deutlich.

Namentlich in dieser dritten Phase, die zugleich Steiners letzte Schaffensperiode werden sollte, war von der zahlreich gewordenen Mitgliedschaft der Anthroposophischen Gesellschaft ein neuer Arbeitsstil gefordert. Nun kam Anthroposophie buchstäblich in Bewegung, eine für die Sache der Anthroposophie durchaus ambivalente Entwicklung. Vor allem Angehörige der jungen Generation nahmen mit Schwung und Begeisterung die steinerschen Anregungen auf. Sie wollten nicht passive Rezipienten sein und lediglich die Vorträge konsumieren; nein, aktiv mittun, mitgestalten wollten sie. Hier wirkten vor allem die folgenden Entwicklungen impulsgebend:

Mit Vorbereitung und Eröffnung der ersten staatsfreien Schule in Stuttgart wurde das Jahr 1919 zum Jahr der Waldorfschulbewegung. Der Versuch jedoch, die Dreigliederung des sozialen Organismus in einer Zeit politischer Instabilität zur Geltung zu bringen, stellte große, wie sich bald zeigte, übergroße und damit nicht zu bewältigende Anforderungen an die »tätig sein Wollenden«[85]. Daneben entstanden eine Reihe von Wirtschaftsbetrieben unterschiedlicher Branchen, in denen man die Grundsätze der Dreigliederung anwenden wollte. In allgemeinen Hochschulkursen erprobte man 1920/21 eine Begegnung von Anthroposophie und akademischen Fachwissenschaften, allerdings mit zweifelhaftem Erfolg. Parallel dazu wurde die anthroposophische Arbeit mit Ärzten, Heilpädagogen, Künstlern und Theologen fortgesetzt. Zugleich war Steiner der Leiter und Berater der Stuttgarter Schule. Die aktiven Mitarbeiter mussten oft mehr tragen, als ihnen und der Bewegung gut tat. Der Katalog dessen, was von einem nach Zahl und Einsatzfähigkeit vergleichsweise kleinen Kreis geleistet werden sollte, war bestürzend umfangreich.

Die verantwortlichen Akteure waren angesichts finanzieller Engpässe und mangelnder fachlicher Kompetenz in wirtschaftlichen Fragen von ihren Aufgaben bei weitem überfordert und konnten von der übrigen Gesellschaft, die zumeist aus passiven Zuhörern der Vorträge Steiners bestand, keinen Rückhalt erwarten. Als ein weiteres Problem zeigte sich, dass das zwischenmenschliche Verhältnis der je auf ihrem Feld Arbeitenden belastet war. Das führte zu einem unfruchtbaren

Nebeneinander, bald zu einem gefährlichen Gegeneinander von »Bewegung« und »Gesellschaft«. Angehörige der aktiven jungen Generation sahen sich von den älteren Mitgliedern mit deren Art, auf herkömmliche Weise »Geisteswissenschaft« zu pflegen, nicht mehr verstanden. So wurde angesichts einer drohenden Aufspaltung im Februar 1923 eine »freie« anthroposophische Vereinigung eingerichtet. Steiner stimmte dem Werden der »Freien Anthroposophischen Gesellschaft« zu, um darin Angehörige der jungen Generation zu sammeln. Doch alles in allem zeigte die spätestens Anfang der zwanziger Jahre eingetretene Entwicklung, mit welcher eminenten inneren Problematik Anthroposophie belastet war.

Die öffentliche Ablehnung der Gesellschaft Steiners mit ihren herausfordernden Neuerungen bis hin zu Störversuchen bei seiner öffentlichen Vortragstätigkeit stellte nur eine Seite der Schwierigkeiten dar. Zieht man interne Äußerungen Steiners sowie die Lebensberichte seiner engsten Mitarbeiter, vor allem in Stuttgart, heran, dann wird das ganze Ausmaß des Zerwürfnisses deutlich, das trotz der Steiner entgegengebrachten Verehrung zwischen ihm und großen Teilen der Anthroposophischen Gesellschaft eingetreten war. Aus der Zeit nach dem Ersten Weltkrieg gibt es zahlreiche Belege seiner Enttäuschung über jene, mit deren fachlich kompetenter Mitarbeit er gerechnet hatte. Doch offensichtlich war die praktische Umsetzung anthroposophischer Zielsetzungen, wie ihr Begründer sie verstand, ein Projekt, für das die erforderlichen Menschen fehlten. Die vorhandenen Mitarbeiter waren außerdem oft nicht willens oder in der Lage zu fruchtbarer Zusammenarbeit.[86]

Als die alle überragende Leitfigur stand Steiner schließlich vor dem Problem, ob das hoffnungsvoll begonnene Werk der Kulturimpulse überhaupt weitergeführt werden sollte, ferner wie »Bewegung« und

»Gesellschaft« noch einmal eine lebensfähige Einheit erlangen konnten. Von außen betrachtet erweckte die Vielseitigkeit der anthroposophischen Initiativen Bewunderung und steigendes Interesse, abgesehen natürlich von den bunt gemischten Gegnern. Wenn Steiner jedoch in internen Vorträgen auf die Situation von Bewegung und Gesellschaft zu sprechen kam und die in den einzelnen Zweigen und Gruppierungen agierenden Funktionäre für ein Umdenken und Umschwenken zu gewinnen suchte, wählte er beschwörende Worte:

> Möchte es doch innerhalb der einzelnen Kreise der Anthroposophischen Gesellschaft versucht werden, sich des Ernstes des gegenwärtigen historischen Momentes bewusst zu werden und sich selber und die Verhältnisse zu fragen, ob es nicht möglich wäre, diese Anthroposophische Gesellschaft in einem gewissen Sinne wiederum zu galvanisieren, sodass sie aus einem gewissen schläfrigen Zustande herauskommen und erwachen würde zu einem wirklichen Leben.[87]

KRITIK VON AUSSEN

Anthroposophie musste aufgrund ihrer Theorie und Praxis, ihrer weltanschaulichen Ausgangsposition und den daraus sich ergebenden Innovationen und öffentlichen Wirkungen bei ihrer Mitwelt Widerstand provozieren. Ein ernster Konflikt ergab sich infolge ihres in vieler Hinsicht alternativen Charakters bereits vom Ansatz her, wie er von Steiner offen vertreten wurde. Ihn leitete die Maxime: »Ein fruchtbarer Gedanke muss seine Wurzel in den Entwicklungsvorgängen haben, die von der Menschheit im Verlaufe ihres geschichtlichen Werdens durchzumachen sind.«[88] Entscheidend komme es darauf an, den »äußeren Niedergang«, durch den die Kulturmenschheit wie auch immer ergriffen werden mag, ernst zu nehmen. Dabei solle man sich gerade nach anthroposophischem Verständnis klar machen, »dass nur mit Hilfe der Christuskraft es möglich sein wird, die verfallene Kultur wiederum mit demjenigen Impuls zu durchdringen, der sie zu einem neuen Aufstieg bringen kann«[89].

Prozesse dieser Art verlangten demnach die Preisgabe mancher unzeitgemäß gewordener Denkweisen und lieb gewordener Gewohnheiten, und zwar innerhalb wie außerhalb der Anthroposophischen Gesellschaft. Die von außen herantretenden geistig-ideologischen Gegner waren nicht wenige in ihrer Zeit namhafte Philosophen und Theologen beider Konfessionen, auch angesehene Hochschullehrer unterschiedlicher Disziplinen, die Anthroposophie unter die kritische Lupe nahmen. Deren Gegnerschaft wurde von den Angegriffenen als »Kultur-Verfallserscheinung« abgewehrt.[90] Vermengt mit Verleumdungen und Verunglimpfungen der Person Steiners meldete sich ein Kreis von Andersdenkenden zu Wort: So konnten Gewerkschaftsführer es nicht gutheißen, dass Anthroposophie mit ihrer Dreigliederungsidee in Konkurrenz zu den herkömmlichen sozialistischen Doktrinen auftrat, ebenso wenig, dass Steiner mit seinen volkspädagogischen Vorträgen von Kreisen der Arbeiterschaft mit Zustimmung aufgenommen wurde. Wissenschaftler nutzten, abgesehen von Missverständnissen, da und dort erkennbare Schwachpunkte für eine fundamentale Kritik. Kirchlich-orthodoxe, aber auch liberal eingestellte Theologen witterten Häresie in der Christusanschauung Steiners. Völkische bzw. politisch rechts gerichtete Gruppierungen bedrohten bei öffentlichen Auftritten seine Sicherheit, zum Beispiel im Mai 1922 bei einem Überfall in München, dem sich Steiner nur durch Flucht entziehen konnte.

Einen empfindlichen Schlag versetzten der anthroposophischen Bewegung schließlich jene nicht näher ermittelte Personen, die in der Silvesternacht 1922 den nahezu vollendeten Holzbau des ersten Goetheanums durch Brandstiftung vernichteten. Damit war das Ergebnis einer beeindruckenden, sich über viele Jahre erstreckenden Gemeinschaftsarbeit zerstört.

Trotz ernster innerer Probleme überstand die Anthroposophie letztlich alle diese Angriffe, zumal sich Steiner selbst in der letzten Phase seines tätigen Lebens – es handelte sich nur noch um weniger als zwei Jahre – weder entmutigen noch in der Fortführung seines vielseitigen Schaffens behindern ließ. In der Überzeugung, einer übergeordneten geistigen Instanz zu dienen und von ihr den nötigen Zugewinn an Inspiration und Kraft zu erhalten, führte er seine Arbeit weiter. Angesichts der schwierigen Verhältnisse in der Nachkriegszeit erlangten nicht alle Vorhaben Reife. So erstarben die zur Dreigliederungsbewegung gehörigen Unternehmungen. Doch die Erziehungskunst der Waldorfbewegung gedieh weiter. Sie überlebte trotz Unterbrechung sogar die totalitären politischen Mächte des 20. Jahrhunderts. Dies gilt ebenfalls für den medizinisch-heilpädagogischen und den landwirtschaftlichen Impuls.

NEUBEGRÜNDUNG DER GESELLSCHAFT

Angesichts der von Steiner selbst als »innere Opposition« charakterisierten Haltung innerhalb der Anthroposophischen Gesellschaft musste spätestens im Jahr 1923 eine Entscheidung über Ende oder Neuansatz fallen. Weil seine beschwörenden Appelle an die Mitverantwortlichen ins Leere gingen, entschloss sich Steiner zu einer letzten Initiative, nämlich zu der einer Neubegründung, die mehr sein wollte als eine bloße organisatorische Neufassung der bisherigen Statuten. Ausschlaggebend war die Veränderung, die Steiner selbst in seinem persönlichen Verhältnis zur Anthroposophischen Gesellschaft vollzog. War er bisher der Lehrer gewesen, der der Anthroposophenschaft gegenüberstand, ging es ihm jetzt darum, sich in schicksalhafter Weise mit dieser Gesellschaft zu verbinden und als Vorsitzender an ihre Spitze zu treten. Und war bisher die Anthroposophische Bewegung die »eigentliche geistige Strömung« gewesen, während die Anthroposophische Gesellschaft sich als »eine Verwaltungsgesellschaft zur Pflege des anthroposophischen Impulses« begriff, sollten künftig »Bewegung« und »Gesellschaft« eine Ganzheit darstellen. Der Grundstein dieser Gesellschaft neuer Ordnung sollte sich nicht nur auf dem Papier wiederfinden, das die Prinzipien oder Statuten dokumentiert; dieser spirituelle Grundstein sollte vielmehr ins Herz jeden einzelnen Mitglieds eingesenkt werden. Dies geschah in den Weihnachtstagen in Dornach, zwischen dem 24. Dezember 1923 und dem 1. Januar 1924, auf der intern als »Weihnachtstagung« bezeichneten Versammlung.

Nach den »Prinzipien«, die Steiner auf der Weihnachtstagung vorgeschlagen hatte und die von den nach

Dornach einberufenen Vertretern der Mitglieder angenommen wurden, soll die Anthroposophische Gesellschaft

> eine Vereinigung von Menschen sein, die das seelische Leben im einzelnen Menschen und in der menschlichen Gesellschaft auf der Grundlage einer wahren Erkenntnis der geistigen Welt pflegen wollen … Das Ziel der Anthroposophischen Gesellschaft wird die Förderung der Forschung auf geistigem Gebiete, das der Freien Hochschule für Geisteswissenschaft diese Forschung selbst sein. Eine Dogmatik auf irgendeinem Gebiete soll von der Anthroposophischen Gesellschaft ausgeschlossen sein.[92]

Ein wesentlicher Bestandteil der Gesellschaft neuen Stils sollte ebendiese »Freie Hochschule« werden, eine Einrichtung, die anders als im traditionellen Hochschulwesen nach Maßgabe anthroposophischer Erkenntnisbemühungen auf die geistige Entwicklung des Einzelnen setzt.

> Es wird … im Allgemeinen so sein müssen, dass der Mensch die geistige Welt zuerst in der Ideenform kennenlernt. In dieser Art wird die Geisteswissenschaft der Allgemeinen Anthroposophischen Gesellschaft gepflegt. Es wird aber Persönlichkeiten ge-

ben, die teilnehmen wollen an den Darstellungen der geistigen Welt, die von der Ideenform aufsteigen zu Ausdrucksarten, die der geistigen Welt selbst entlehnt sind. Und auch solche werden sich finden, welche die Wege in die geistige Welt kennenlernen wollen, um sie mit der eigenen Seele zu gehen.[93]

Steiner verfolgte zwei strukturelle Ziele: Zum einen sollte in »drei Klassen« der Stufencharakter dessen in Erscheinung treten, was mit geistig-seelischer Reife, aber auch mit dem Grad an Verantwortung in der Repräsentanz und bei der Erfüllung gesellschaftlicher Aufgaben zu tun hat. Krankheit und früher Tod Steiners verhinderten die Einrichtung dieser drei Klassen. Es kam lediglich zu einer Anzahl von Vorträgen für die ausersehenen Mitglieder der ersten Klasse. Zum anderen sollte die Verwirklichung von Anthroposophie am Goetheanum in Dornach in Gestalt einer Reihe fachlich ausgerichteter Sektionen sichergestellt sein. Hierfür sah Steiner zunächst die »Allgemeine anthroposophische Sektion« vor, deren Leitung er selbst in die Hand nahm, gefolgt von Sektionen für pädagogische, medizinische, künstlerische, natur- und sozialwissenschaftliche Belange, die er seinen Vorstandskollegen sowie weiteren Mitarbeiterinnen übertrug. Diese Gliederung nach Sektionen besteht nach wie vor. An eine besondere Sektion für theologische oder religiöse Fragen war nicht gedacht, da die Bearbeitung der christologischen Aussagen Steiners außerhalb der besprochenen Zielsetzungen liegt. Die Sektionen entwickelten sich rasch in ihren jeweiligen Tätigkeitsbereichen, die Arbeit erfolgte großenteils ohne einen besonderen Zusammenhang mit der Dornacher Hochschule. Die Gefahr etwa einer zentralistischen Gängelung durch diese war somit nicht gegeben.

NACH STEINERS TOD

Die inneranthroposophische Krise, die sich bereits zu Steiners Lebzeiten mit aller Deutlichkeit abgezeichnet hatte, konnte durch die Neubegründung im Rahmen der Dornacher Weihnachtstagung nicht überwunden werden. Innerhalb der Anthroposophenschaft geben die Ereignisse seitdem eine deutlich negative Antwort auf die Frage, ob diese Weihnachtstagung gelungen oder gescheitert sei. Es besteht eine gewisse Unsicherheit, wie die steinersche Neubegründung zu bewerten ist. Steiner selbst konnte seine Mitglieder nicht aus der Verantwortung für das Gelingen oder Misslingen des von ihm Beabsichtigten entlassen, denn letztlich kommt es darauf an, wie Prinzipien und Statuten umgesetzt werden. Auch der Umgang mit Andersdenkenden bzw. Selbstdenkern ist ein Gradmesser dafür, wie es mit dem bestehenden oder nicht bestehenden »freien Geistesleben« in den anthroposophischen Zusammenhängen bestellt ist.

DIE WEIHNACHTSTAGUNG 1923

»Die Weihnachtstagung wird erst real durch das, was aus ihr weiter wird. Hinschauen auf die Weihnachtstagung bedingt schon eine gewisse Verantwortlichkeit in der Seele, sie wirklich zu machen; während sie sich sonst zurückzieht von dem Erdendasein … Sie war natürlich in einem gewissen Sinne in der Welt da. Ob sie als Weihnachtstagung für das Leben wirksam wird, hängt davon ab, ob sie fortgesetzt wird.«[94]

Weder bei der Weihnachtstagung noch während der Monate von Steiners Erkrankung, also ab September 1924, wurde geregelt, was nach seinem Tod am

30. März 1925 zu geschehen habe und wer in seine Nachfolge treten solle. Steiner machte dazu keinerlei Verfügungen. Formal waltete zwar Albert Steffen als bisheriger zweiter, dann als erster Vorsitzender seines Amtes. Doch der verbliebene fünfköpfige Vorstand war in wesentlichen Fragen zum steinerschen Nachlass ernsthaft zerstritten.

Marie Steiner beanspruchte sämtliche Rechte an der geistigen Hinterlassenschaft ihres Mannes. Sie konnte auf Testamente verweisen, die Steiner schon früher wiederholt zu ihren Gunsten ausgestellt hatte und die er nach der Vermählung mit ihr (1914) noch bekräftigte. Andere Vorstandsmitglieder, insbesondere die Ärztin Ita Wegman, behaupteten, mit der Weihnachtstagung seien sämtliche privaten Vereinbarungen testamentarischer Art hinfällig geworden. Nachlassinhaber könne nur die neu geschaffene Gesellschaft sein. Jahrzehnte hindurch schwelte der so genannte Nachlasskonflikt. Er verlief in mehreren Phasen und wurde auch vor Gericht ausgefochten. Marie Steiner, unterstützt von einem Teil der ihr zugeneigten Mitarbeiter, betrieb den Rudolf Steiner Nachlassverein, aus dem der heutige, bis zu ihrem Tod (1948) von ihr geleitete Rudolf Steiner Verlag hervorging. In ihm wurde ab Mitte der fünfziger Jahre die Gesamtausgabe (GA) der literarischen und künstlerischen Werke Steiners herausgegeben. Das Ausmaß der zu bewältigenden Editionsarbeit veranschaulichen folgende Zahlen: Während bei Steiners Tod (1925) aus dem Vortragswerk nur ca. 50 Vortragszyklen sowie zahlreiche Einzelvorträge im Druck erschienen waren, liegt heute das Vortragswerk, das aus an die 6000 großenteils durch Stenogramme dokumentierten Texten besteht, mit mehr als 300 Bänden nahezu vollständig gedruckt vor.

Als missliche Folge aus dem Nachlassstreit boykottierte die mit Steiners Witwe im Streit befindliche Goetheanum-Leitung, also die offizielle Leitung der Anthroposophischen Gesellschaft, jahrzehntelang diese letztlich erfolgreiche Editionsarbeit. So konnte man keinen Band der Gesamtausgabe im Goetheanum erwerben. Man sah sie dort geradezu als nicht existent an. Und die ebenfalls offizielle, anfangs noch von Steiner geleitete Wochenschrift »Das Goetheanum« wies mit keinem Wort auf diese Textedition hin, ohne die heute eine ernsthafte Beschäftigung mit Anthroposophie gar nicht denkbar ist. Erst nach Albert Steffens Ableben trat von 1967 an eine Normalisierung ein. Was bei nüchterner Betrachtung der Sachverhalte nicht zu übersehen war: Die innerhalb der Anthroposophischen Gesellschaft viel diskutierte »Karma-Erkenntnis«, zu der Steiner einst seine Schüler in Gestalt der so genannten »Karma-Vorträge«[95] bis in seine letzte Lebenszeit anzuleiten versucht hatte, schienen die streitenden Parteien auf sich selbst nicht anwenden zu können. Den in leitender Funktion tätigen Anthroposophinnen und Anthroposophen war es offensichtlich auch nicht gegeben, die viel berufene, von ihnen vertretene »Geist-Erkenntnis« in ein sachliches und humanes Miteinander gestaltend einzubringen.

Die Uneinigkeit im Vorstand setzte sich auch in die internationale Mitgliedschaft hinein fort.[96] Es stellte sich die zentrale Frage, wer die von Steiner ins Leben gerufene esoterische Arbeit im Rahmen der von ihm ebenfalls geschaffenen »Freien Hochschule für Geisteswissenschaft« kompetent weiterbetreiben sollte. Hier war Ita Wegman initiativ geworden, der sich eine Reihe von Sympathisanten, auch solche aus der holländischen und englischen Mitgliedschaft, anschlossen. Sie geriet mehr und mehr ins Abseits. Man hielt es zum Beispiel nicht für gerechtfertigt, dass Ita Wegman in ihrer Eigenschaft als ein von Steiner berufenes Vorstandsmitglied jene Texte in »esoterischen Stunden« vorlas und besprach, die Steiner einst für die ersten Mitglieder der Freien Hochschule formuliert hatte. Offensichtlich wurde befürchtet, dass Ita Wegman Nachfolgeansprüche erheben könnte, auch wenn sie sich nicht in diesem Sinn ausgesprochen zu haben scheint.

Einen offiziellen Schlussstrich unter die internen Streitigkeiten zog die am 14. April 1935 in Dornach zusammengetretene Generalversammlung. Sie beschloss mehrheitlich den Ausschluss der beiden Vorstandsmitglieder Ita Wegman und Elisabeth Vreede, dazu die Aussonderung weiterer Mitglieder sowie die Exkommunikation ganzer Landesverbände, nämlich der englischen und holländischen, aus der Allgemeinen Anthroposophischen Gesellschaft. Das bedeutete einen erheblichen Mitgliederschwund, verbunden mit einem beträchtlichen Vertrauensverlust innerhalb der Gesellschaft wie auch in der Öffentlichkeit. Den beiden Vorstandsmitgliedern wurde nicht einmal Gelegenheit zur öffentlichen Stellungnahme gegeben. Die Kritiker und Gegner der Anthroposophie schienen mit ihren Warnungen vor dieser »modernen Gnosis« oder »neuen Häresie« nun durch diese selbst gerechtfertigt zu werden. Tragische Züge erhielt dieses Vorgehen, da die Streitenden über die mittlerweile eingetretenen politischen und ideologischen Veränderungen in Europa keine klare Vorstellung zu haben schienen. Denn diese innere Aufsplitterung der Anthroposophie erfolgte, als mit der Machtergreifung Hitlers (1933) und des Nationalsozialismus längst bekannt sein musste, welche Bedrohung über dem Werk Rudolf Steiners schwebte. Noch in demselben Jahr, am 1. November 1935, erfolgte das Verbot der mitgliederstarken Anthroposophischen Landesgesellschaft in Deutschland.

Marie Steiner, die ihren Mann um 23 Jahre überlebte und die ins Kreuzfeuer anthroposophischer Intrigen geraten war, vertraute wenige Tage vor ihrem Tod (1948) einem Mitarbeiter an: »Es war wirklich sehr bitter, zu erfahren, wie viel böser Geist in unsere Gesellschaft eingezogen ist. Aber ich setze meine Hoffnung auf die heranwachsende Generation.«[97]

ANTHROPOSOPHIE ZUR ZEIT DES NATIONALSOZIALISMUS

Von allgemeinen Betrachtungen zur Weltlage abgesehen fand eine eingehende oder gar parteilich ausgerichtete Beschäftigung mit politischen Fragen zu Beginn der dreißiger Jahre in der anthroposophischen Publizistik nicht statt. Auf die Konfrontation mit der braunen Ideologie war man in keiner Weise vorbereitet. Steiner selbst, aber auch so wichtige Mitarbeiter wie der deutschnational gesinnte evangelische Theologe Friedrich Rittelmeyer, sprachen sich für »die im Deutschtum veranlagte« Geistestradition aus, jedoch nicht für deren nationalsozialistische »Verdrehung«. Im Zusammenhang gesehen, war jede Missdeutung solcher Aussagen ausgeschlossen, doch wurden Versuche unternommen, Gemeinsamkeiten zu konstruieren, um beim Gegenüber Verständnis oder Duldung zu bewirken. Hier ging es um das pure Überleben angesichts der totalitären Ansprüche der Nationalsozialisten, etwa in Fragen der Jugenderziehung oder der biologisch-dynamischen Landwirtschaft. Das waren zwei wichtige Arbeitsfelder, um deren Aufrechterhaltung gerungen werden musste.

> Wer nach ... scheinbaren Übereinstimmungen mit dem Nationalsozialismus suchte, konnte bei Steiner Aussagen finden, die aus ihrem Kontext gerissen in ihrem Wortlaut sehr ähnlich klangen. Da war zunächst die Betonung der Mission des Deutschtums. Nach Ansicht Steiners hatte sich im Lauf der vergangenen Jahrhunderte ... innerhalb des Deutschtums durch einzelne Menschen der zarte Keim einer Seelenhaltung gebildet, durch die das einzelne freie Individuum sich selbstständig, als Person zum Geistigen erhebt und das Geistige in sich selbst er-

lebt … Dass Steiner mit dem Worte »Deutschtum«
aber etwas ganz anderes meinte als die Nazis, ergab
sich aus der Tatsache, dass er damit auf eine geistige
Linie deutete, die von Jakob Böhme, Angelus Silesius zu Goethe, Novalis und Schelling ging. Deutschtum war bei Steiner ein geistesgeschichtlicher Begriff, während er bei den Nazis biologisch-rassisch
gefasst war.[98]

Dass man sich seitens der Nazis der Unvereinbarkeit
der beiden Weltanschauungen durchaus bewusst war,
geht aus Gutachten hervor, wie sie u. a. von Gelehrten
wie dem Indologen und SS-Mitglied Jakob Wilhelm
Hauer 1935 formuliert wurden.[99] Darin heißt es:

Ich halte die anthroposophische Weltanschauung,
die in jeder Beziehung international und pazifistisch
eingestellt ist, für schlechthin unvereinbar mit der
nationalsozialistischen. Die nationalsozialistische
Weltanschauung baut sich auf dem Gedanken von
Blut, Rasse, Volk und dann auf der Idee vom totalen
Staat. Gerade diese zwei Grundpfeiler der nationalsozialistischen Weltanschauung und des Dritten
Reiches werden von der Weltanschauung der Anthroposophen verneint.«[100]

Weil dies so sei, bedeuteten Schulen, die auf der Anthroposophie gründeten, »eine Gefahr für echte deutsche
Bildung«. Hauer hatte schon zu Steiners Lebzeiten dessen Werk kritisch unter die Lupe genommen und als
fragwürdiges Machwerk zu diffamieren gesucht.[101]

Auch wenn man einräumt, dass seitens der Anthroposophen Fehleinschätzungen erfolgt sind und infolge-
dessen der Gefährdung nicht immer in angemessener
Weise begegnet wurde, gelang immerhin mancher Auf-
schub. Die Anthroposophische Gesellschaft wurde zwar
1935 im Deutschen Reich, später auch in den annek-
tierten oder besetzten Gebieten verboten. Doch es gelang, sowohl die Waldorfschulen, derer es damals acht

gab, als auch die Arbeit der in privater Hand befindlichen biologisch-dynamisch ausgerichteten Betriebe noch über einige Jahre hinweg aufrechtzuerhalten. Zahlreiche Funktionäre der Anthroposophischen Gesellschaft emigrierten. Während die staatlichen und parteilichen Behörden, insbesondere SS und Sicherheitsdienst (SD), eine umgehende Schließung anthroposophischer Einrichtungen forderten, konnten den Nationalsozialisten dennoch Schonfristen abgerungen werden. Das gelang u. a. durch Einschaltung von Rudolf Heß, der aus seinem persönlichen Interesse an der anthroposophischen Landwirtschaft und an der Erziehungsarbeit keinen Hehl machte. Doch als dieser »Stellvertreter des Führers« im Mai 1941 nach England geflogen war, um Großbritannien zum Friedensschluss zu bewegen, eine angebliche Fehlleistung, für die man den anthroposophischen Okkultismus verantwortlich machen wollte, gab es keine Rücksichtnahme mehr. Nun griffen die wiederholten Gutachten Hauers und SS- und SD-Funktionäre setzten sich endgültig durch.

Nun war auch die Christengemeinschaft betroffen, die nach dem Verbot der Anthroposophischen Gesellschaft für viele zu einem zeitweiligen Refugium geworden war. Einige Verbotsdrohungen gegen die Christengemeinschaft während der dreißiger Jahre konnten entkräftet werden. Rittelmeyer hatte noch bis kurz vor seinem Tod (1938) für die Abwendung des Verbots gewirkt.[102] In einer der damals üblichen Nacht- und Nebelaktionen wurden am 9. Juni 1941 Einrichtungen der Gemeinden überfallen und deren Eigentum, insbesondere das Schrifttum einschließlich der an sich unveräußerlichen Ritualbücher der Priester, konfisziert. Zahlreiche Personen wurden verhaftet, darunter Rittelmeyers Nachfolger im obersten Leitungsamt, Lic. Emil Bock, der einige Monate, von Juni 1941 bis Februar 1942, im Konzentrationslager Welzheim festgehalten wurde.[103] Erst nach Niederschlagung des Nationalsozialismus konnte die anthroposophische Arbeit von neuem aufgebaut werden.

Zum Verhältnis von Anthroposophie und Nationalsozialismus liegen erstmals eingehende Recherchen und Dokumentationen vor. Uwe Werner, Leiter des Archivs am Goetheanum in Dornach, hat sich dieser Aufgabe angenommen. Zur Wiederaufnahme der anthroposophischen Arbeit nach dem Zusammenbruch des Nationalsozialismus berichtet er zusammenfassend:

> Bereits am Pfingstsonntag, den 20. Mai 1945 konnten Pfarrer der Christengemeinschaft wieder den Kultus, die Menschenweihehandlung, zelebrieren. Überall in Deutschland sammelten sich vom Kriege versprengte Anthroposophen wieder – oft in notdürftig hergerichteten Räumen –, um das gemeinsame Studium der Anthroposophie neu zu beginnen. Während des Sommers 1945 begannen die Vorbereitungen zur Wiedereröffnung der Waldorfschulen, von denen einige bereits im Oktober 1945 ihre Pforten für die Schüler öffnen konnten. In wenigen Jahren entstanden insgesamt 25 Waldorfschulen. Schwierig gestaltete sich die Fortsetzung der biologisch-dynamischen Arbeit, da viele Höfe und Güter im Osten Deutschlands verloren gegangen waren. Es gelang aber, neue Zentren der biologisch-dynamischen Arbeit zu schaffen. Die anthroposophischen Ärzte fanden nun Gelegenheit, sich in einer Arbeitsgemeinschaft zusammenzuschließen und ihre Erfahrungen auszutauschen. Angesichts der Fülle der Aufgaben konzentrierte man sich ganz auf die in Angriff genommenen Projekte. Es gab überall genügend Schwierigkeiten, Nöte und Sorgen: Da fand man kaum Zeit, um Rückschau zu halten. Da man insgesamt wusste, dass nur wenige Anthroposophen dem Nationalsozialismus verfallen waren, war die »Vergangenheitsbewältigung« kein Thema. Offensichtlich hielt man eine Diskussion über das Verhalten einiger weniger für unfruchtbar.

DIALOG MIT ANDEREN DISZIPLINEN

Ein konstruktiver Austausch mit einer geistig-weltanschaulichen Bewegung ist aus mancherlei Gründen schwierig: So sprechen die Dialogbereiten unterschiedliche, bisweilen füreinander befremdliche »Sprachen«. Im Fall der Anthroposophie Rudolf Steiners kommt die Komplexität und Vielschichtigkeit ihres Ansatzes hinzu. Vertreter einer wissenschaftlichen Disziplin haben es bei einem anthroposophischen Gesprächspartner nicht nur mit einem Fachkollegen zu tun, sondern auch mit einem Menschen, der durch ein besonderes, die geistig-seelische Realität einbeziehendes Welt- und Menschenbild geprägt ist, der also nicht »wertfrei« argumentiert. Von besonderem Gewicht sind erfahrungsgemäß jene »Argumente«, die sich auf die Ergebnisse der Anthroposophie etwa auf dem Gebiet der Schulbildung und der biologisch-dynamischen Wirtschaftweise, nicht weniger bei der Qualität der medizinischen oder heilpädagogischen Betreuung leidender Menschen beziehen. Das sind Tatsachen, die eine sachlich angemessene Kritik nicht zu scheuen brauchen.

Vonseiten der Kritiker fehlt es auch nicht an Anerkennung für den besprochenen Kulturimpuls und die aus ihm hervorgegangenen, seit Jahrzehnten praktizierten Reformideen. So würdigt etwa der Jesuit Bernhard Grom den »humanitäre[n] Einsatz, den viele anthroposophische Ärzte und Heilpädagogen in ihrer Arbeit zeigen«.

Derartige Äußerungen würdigen zwar humanitäre Gesichtspunkte, aber noch nicht den spezifisch anthroposophischen Faktor in Pädagogik und Medizin. Daneben sind auch mancherlei Einwände vorzubringen. So wird zum einen gefragt, ob die anerkannten Leistungen eine Eigenart der Anthroposophie darstellen und ob es des »geisteswissenschaftlichen« Überbaues bedürfe, um zu den genannten begrüßenswerten Ergebnissen zu kommen. Außerdem ist bekannt, welche gewichtige, von den Anthroposophen kaum zu kritisierende Rolle das Votum Rudolf Steiners spielt. Ebenso bekannt ist die Tatsache, dass Steiners Texte von seinen Anhängern meist stillschweigend als »aus der Geistesforschung« heraus errungene Erkenntnisse betrachtet und behandelt werden. Dass Einsichten oder Mitteilungen, die vor nahezu einem Jahrhundert geäußert worden sind, der Korrektur oder Revision bedürfen, scheint einer »gläubigen« Anhängerschaft nicht immer selbstverständlich zu sein. Doch ist Wissenschaft, die diesen Namen verdient, aus sich heraus »im Fluss«, also nicht für alle Zeiten kanonisierbar. Das dürfte auch auf die »anthroposophisch orientierte Geisteswissenschaft« zutreffen, selbst wenn man einräumt, dass es sich da und dort um unterschiedlich geartete Forschungswege handelt.

Hier sei ein Beispiel genannt: Die zeitgleich entstandene Tiefenpsychologie Sigmund Freuds oder C. G. Jungs, insbesondere Jungs Analytische Psychologie, fordert zu einer Synopse mit der Anthroposophie heraus, d. h. zu einer vergleichenden, jedoch nicht vermengenden Zusammenschau. Doch hier besteht immer noch Informations- und Dialogbedarf, indem man u. a. Steiners zeitbedingte und keinesfalls kompetenten Urteile über das Werk Freuds und Jungs unter die kritische Lupe nimmt.[104] Kritik ist hier keinesfalls mit einer auf Destruktion angelegten »Gegnerschaft« zu verwechseln.

Lässt man einmal beiseite, dass die Auseinandersetzung mit der Anthroposophie lange Zeit vorwiegend polemische Züge trug, so waren es nach Beendigung des Zweiten Weltkriegs vorwiegend die ebenfalls neu entstandenen kirchlichen Akademien, in denen Gespräche in einem Geist wechselseitigen Respekts und Verständigungswillens stattfanden. In ihnen war und ist ein Raum geboten, in dem man sich von dogmatischen Verengungen allerseits freizuhalten versucht.

Im Gegenüber von Kirche und Anthroposophie war der Spielraum von Fall zu Fall eng begrenzt, zumal wenn man daran erinnert, dass der Christengemeinschaft die ökumenische Grundhaltung und die Christlichkeit durch die Evangelische Kirche in Deutschland (EKD) abgesprochen wurden (1949 ff.), indem die dort geübte Taufe nicht anerkannt wurde. Daran änderte weder ein vonseiten der Kirche eingebrachtes Minderheitengutachten etwas noch die Tatsache, dass namhafte Theologen bei aller Kritik auch auf Qualitäten in Anthroposophie und Christengemeinschaft hinwiesen, denen auf kirchlicher Seite vor allem nach Ansicht evangelischer Theologen offenkundige Mängel gegenüberstehen.[105]

Für die von der Anthroposophie eingebrachten Impulse auf religiösem Gebiet, die zur sachlichen Auseinandersetzung einladen, bringt es Bernhard Grom auf den Punkt: »Wenn sich Anthroposophen und kirchlich engagierte Christen des Gemeinsamen wie auch des Trennenden bewusst werden, können sie in einen Dialog eintreten, der das gegenseitige Verstehen fördert und das eigene Suchen stimuliert.«[106]

ANMERKUNGEN

[1] Rudolf Steiner: *Anthroposophische Leitsätze*, Dornach 1954 (GA 26), S. 46.

[2] Steiners philosophische Doktorarbeit von 1891 trug ursprünglich den Titel »Die Grundfrage der Erkenntnistheorie mit besonderer Rücksicht auf Fichtes Wissenschaftslehre«; vgl. Rudolf Steiners Dissertation in: Rudolf Steiner: *Studien Bd. V.*, Dornach 1991.

[3] Rudolf Steiner: *Mein Lebensgang*, Dornach 1962 (GA 28), S. 244f.

[4] Gemeint sind Menschen mit geistigen Zielsetzungen, auch wenn diese noch eine Klärung von Zielsetzung und Methodik benötigen.

[5] Rudolf Steiner im Vortrag vom 1. April 1904, in: ders.: *Spirituelle Seelenlehre*, Dornach 1972 (GA 52), S. 238ff.

[6] Selbst eine seiner anthroposophischen Grundschriften betitelte Steiner mit *Theosophie* (1904), obwohl sich diese ihrem Untertitel nach mit der »Einführung in übersinnliche Welterkenntnis und Menschenbestimmung« beschäftigt.

[7] Vgl. Rudolf Steiner: *Theosophie in Deutschland vor hundert Jahren*. Autoreferat eines Vortrags, gehalten in Paris am 4. Juni 1906, abgedruckt in: ders.: *Philosophie und Anthroposophie*. Gesammelte Aufsätze 1904–1918, Dornach 1965 (GA 35), S. 43–65.

[8] Vgl. R. Geisen: *Anthroposophie und Gnostizismus*, Paderborn 1992.

[9] *Goethes Beitrag zur Erneuerung der Naturwissenschaften*, hg. von Peter Heusser, Bern 2000, S. 35.

[10] Rudolf Steiner: *Erkenntnistheorie der Goetheschen Weltanschauung* (1886), Dornach 2002 (GA 2).

[11] Wolfgang Schad: »Was ist Goetheanismus?« in: *Tycho de Brahe-Jahrbuch für Goetheanismus 2001*, S. 23–66. *Goethes Beitrag zur Erneuerung der Naturwissenschaften*, hg. von Peter Heusser, a. a. O.

[12] Rudolf Steiner: *Der Dornacher Bau als Wahrzeichen geschichtlichen Werdens und künstlerischer Umwandlungsimpulse*, Dornach 1985 (GA 287).

[13] Zur Einführung vgl. Roland Edighoffer: *Die Rosenkreuzer*, München 1995.

[14] Gerhard Wehr: *Esoterisches Christentum. Von der Antike zur Gegenwart*, Stuttgart 2. erweiterte Aufl. 1995, S. 249–262. Ders.: »Das Rosenkreuzertum im Werk Rudolf Steiners«, in: *Das Rosenkreuz als europäisches Phänomen im 17. Jahrhundert*, hg. von der Bibliotheca Philosophica. Amsterdam 2002, S. 363–378.

[15] »Chymisch« bedeutet in diesem Zusammenhang »chemisch«. Die Grundtexte der rosenkreuzerischen Bewegung sind enthalten in: *Die Bruderschaft der Rosenkreuzer*, hg. von Gerhard Wehr, München 1990.

[16] Den Angaben Steiners folgend wird in anthroposophischen Kreisen der in den genannten Texten offenkundig als Symbolname gebrauchte Rosenkreuz als historische Persönlichkeit angesehen.

[17] Rudolf Steiner: »Die Chymische Hochzeit des Christian Rosenkreuz«, in: ders.: *Philosophie und Anthroposophie*. Gesammelte Aufsätze 1904–1918, Dornach 1975 (GA 35), S. 332.

[18] Konrad Dietzfelbinger: *Mysterienschulen. Vom alten Ägypten bis zu den Rosenkreuzern der Neuzeit*, München 1997. Ders.: *Die Geistesschule des Goldenen Rosenkreuzes*. Lectorium Rosicrucianum, Andechs 1999.

[19] Die Familie Andreae verwendete als Wappenzeichnung ein Andreaskreuz mit vier Rosen.

[20] Unter Meditation ist die konzentrierte Denkbemühung zu verstehen, während Kontemplation ein passives Verweilen in dem betreffenden Meditationsinhalt bedeutet.

[21] Das hier Angedeutete ist im Zusammenhang des noch zu besprechenden anthroposophischen Erkenntniswegs zu sehen.

[22] Rudolf Steiner im Vortrag vom 22. Mai 1907, in: ders.: *Die Theosophie des Rosenkreuzers*, Dornach 1955 (GA 99), S. 13.

[23] Bodo von Plato: *Zur Entwicklung der Anthroposophischen Gesellschaft*, Stuttgart 1986, S. 24ff. Norbert Klatt: *Theosophie und Anthroposophie*, Göttingen 1993, S. 61ff.

[24] Rudolf Steiner: *Zur Geschichte und aus den Inhalten der ersten Abteilung der Esoterischen Schule 1904–1914*, Dornach 1984 (GA 264).

[25] Gerhard Wehr: »Krishnamurti«, in: ders.: *Spirituelle Meister des Westens*, München 1995, S. 87–110. Vanamali Gunturu: *Krishnamurti*, München 1997.

[26] Rudolf Steiner: *Die geistige Führung des Menschen und der Menschheit* (1911), Dornach 1960 (GA 15) S. 84.

[27] Albert Schmelzer: *Die Dreigliederungsbewegung 1919*, Stuttgart 1991.

[28] Lothar Vogel: *Der dreigliedrige Mensch*, Dornach 1979.

[29] Rudolf Steiner: *Von Seelenrätseln* (1917), Dornach 1960 (GA 21), S. 12.

[30] Rudolf Steiner: *Theosophie* (1904), Stuttgart 1948 (GA 9) S. 35f.

[31] Rudolf Steiner: *Anthroposophische Leitsätze*, a. a. O., S. 75.

[32] Gerhard Wehr: *C. G. Jung und Rudolf Steiner. Konfrontation und Synopse* (1972), Stuttgart 1998, S. 66ff.

[33] Geistselbst, Lebensgeist und Geistesmensch dienen nach *Theosophie* bzw. *Geheimwissenschaft im Umriß* als Bezeichnungen für den

jeweiligen menschlichen Entwicklungsstand im geistigen Bereich. Er richtet sich nach Art und Intensität, mit der sich das Ich der geistigen Welt öffnet.

34 Rudolf Steiner: *Theosophie*, a. a. O., S. 35.

35 Rudolf Steiner: *Von Seelenrätseln*, a. a. O., S. 152.

36 Rudolf Bubner: *Evolution, Reinkarnation, Christentum*, Stuttgart 1975. Max Hoffmeister: *Reinkarnation*, Achberg 1975. Rüdiger Sachau: *Westliche Reinkarnationsvorstellungen*, Gütersloh 1996.

37 Rudolf Steiner: *Theosophie*, a. a. O., S. 78f.

38 A. a. O., S. 84.

39 A. a. O., S. 93.

40 In der Anthroposophie meint Akasha-Chronik ein Weltgedächtnis, in dem sich alle kosmologisch-anthropologischen Vorgänge niedergeschlagen haben und die der zu übersinnlicher Wahrnehmung Befähigte zu »lesen« vermöge.

41 Rudolf Steiner: *Von Jesus zu Christus* (1911), Dornach 1958 (GA 131), S. 32f.

42 Rudolf Steiner: *Die geistige Führung des Menschen und der Menschheit* (1911), a. a. O., S. 27.

43 Hierzu vor allem Emil Bock: *Kindheit und Jugend Jesu. Beiträge zur Geistesgeschichte der Menschheit* (1939), Stuttgart 1980.

44 Hierzu vgl. Gerhard Wehr: *Esoterisches Christentum. Von der Antike bis zur Gegenwart*, a. a. O., S. 78–96. Richard Geisen: *Anthroposophie und Gnostizismus*, a. a. O.

45 Rudolf Steiner: *Die geistige Führung des Menschen und der Menschheit*, a. a. O., S. 80f.

46 Rudolf Bubner: *Evolution und Reinkarnation. Ein Dialog mit Teilhard de Chardin*, Freiburg 1966.

47 Rudolf Steiner: *Kosmologie, Religion. Philosophie*. Autoreferate (1922), Dornach 1979 (GA 25), S. 61.

48 Rudolf Steiner: *Die Mystik im Aufgange des neuzeitlichen Geisteslebens* (1901), Dornach 1977 (GA 7), S. 26f.

49 Gerhard Wehr: *Mystik im Protestantismus. Von Luther bis zur Gegenwart*, München 2000.

50 Almut und Werner Huth: *Handbuch der Meditation*, München 1990. Dieselben: *Praxis der Meditation*, München 2000.

51 Vgl. die eingehenden Schilderungen des anthroposophischen Erkenntniswegs vor allem in: Rudolf Steiner: *Theosophie*, a. a. O.; ders.: *Wie erlangt man Erkenntnisse der höheren Welten?* (1909), Dornach 1975 (GA 10); ders: *Geheimwissenschaft im Umriß*; ferner in Gerhard Wehr: *Der innere Weg*, Reinbek 1983; Stuttgart 1994.

52 Rudolf Steiner: *Wie erlangt man Erkenntnisse der höheren Welten?*, a. a. O., S. 28.

53 A. a. O., S. 67.

54 Thomas Parr: *Eurhythmie. Rudolf Steiners Bühnenkunst*, Dornach 1993.

55 Frank Teichmann: *Die Entstehung der Anthroposophischen Gesellschaft auf mysteriengeschichtlichem Hintergrund*, Stuttgart 2002, S. 43–100.

56 Rudolf Steiner: »Goethe als Vater einer neuen Ästhetik« (1888), in: ders.: *Kunst und Kunsterkenntnis*, Stuttgart 1967, S. 7–28.

57 Rudolf Steiner im Vortrag vom 1. Juni 1918, in: ders.: *Kunst und Kunsterkenntnis*, a. a. O., S. 127f.

58 A. a. O., S. 129.

59 Rudolf Steiner: »Erziehung des Kindes vom Gesichtspunkt der Geisteswissenschaft« (1907), in: ders.: *Luzifer-Gnosis. Grundlegende Aufsätze zur Anthroposophie* (1903–1909), Dornach 1960 (GA 34), S. 322.

60 Rudolf Steiner im Vortrag vom 1. Juni 1919, in: ders.: *Geisteswissenschaftliche Behandlung sozialer und pädagogischer Fragen*, Dornach 1964 (GA 192), S. 129.

61 Zum Einzelnen u. a. Gerhard Wehr: *Der pädagogische Impuls Rudolf Steiners. Theorie und Praxis der Waldorfpädagogik* (1977), Stuttgart 1994. Peter Schneider: *Einführung in die Waldorfpädagogik*, Stuttgart 1982.

62 Vgl. J. E. Zeylmans van Emmichoven: *Wer war Ita Wegman*. Eine Dokumentation, Bd. I–III, 1990.

63 Rudolf Steiner/Ita Wegman: *Grundlegendes für eine Erweiterung der Heilkunst nach geisteswissenschaftlichen Erkenntnissen* (1925), Dornach 1991 (GA 27).

64 A. a. O., S. 7.

65 Friedrich Husemann/Otto Wolff: *Das Bild des Menschen als Grundlage der Heilkunst*, Band I–III, Stuttgart 11. Aufl. 2003.

66 Otto Wolff: *Heilmittel für typische Krankheiten. Zu den von R. Steiner methodisch neu konzipierten Heilmitteln*, Stuttgart 3. Aufl. 1996.

67 *Krebsbehandlung in der anthroposophischen Medizin*, hg. von Michaela Glöckler u. a., Stuttgart 1996.

68 A. a. O., S. 81.

69 K. H. Türck/J. Thies (Hg.): *Therapie durch künstlerisches Gestalten*, Stuttgart 1986.

70 H. Köpf/B. von Plato: *Die biologisch-dynamische Wirtschaftsweise im 20. Jahrhundert*, Dornach 2001.

71 Hans Heinze: »Vom ökologischen Aspekt des Landwirtschaftskurses«, in: *Biologisch-dynamischer Landbau*, Bd. I., Darmstadt 1975, S. 13.

72 Rudolf Steiner im Vortrag vom 25. Oktober 1918, in: ders.: *Geschichtliche Symptomatologie*, Dornach 1962 (GA 185), S. 88, 95.

[73] »Dreigliederung des sozialen Organismus«, in: Bodo von Plato (Hrg.): *Anthroposophie im 20. Jahrhundert*, Dornach 2003, S. 992.

[74] Rudolf Steiner in: *Aufsätze über die Dreigliederung des sozialen Organismus und zur Zeitlage 1915–1921*, Dornach 1961 (GA 24), S. 428ff; vgl. ders.: *Die Kernpunkte der sozialen Frage* (1919), Dornach 1961 (GA 23).

[75] Hans Werner Schroeder: *Die Christengemeinschaft. Entstehung, Entwicklung, Zielsetzung*, Stuttgart 1990. Rudolf F. Gädeke: *Die Gründer der Christengemeinschaft*, Dornach 1992.

[76] Rudolf Steiner, zit. bei Johannes Hemleben: *Rudolf Steiner in Selbstzeugnissen und Bilddokumenten*, Reinbek 1963, S. 137.

[77] Rudolf Steiner: *Bausteine zu einer Erkenntnis des Mysteriums von Golgatha*, Dornach 1961 (GA 175), S. 56.

[78] Gerhard Wehr: *Luther*, Kreuzlingen/München 2004.

[79] Friedrich Rittelmeyer im Vorwort zu: R. Goebel/A. Pauli: *Von der Krisis des Protestantismus. Zu Karl Barths »Theologie der Krisis«*, Stuttgart 1928, S. 9.

[80] Diese so genannten Priester- oder Theologenvorträge Steiners (1921–24) beanspruchte die Christengemeinschaft ausschließlich für sich. Das führte dazu, dass die Texte jahrzehntelang nur in unzuverlässigen Raubdrucken zugänglich waren. Heute liegen die Vorträge unter dem Titel *Vorträge und Kurse über christlich-religiöses Wirken* in der Gesamtausgabe (GA 342–346) vor.

[81] Gerhard Wehr: *Friedrich Rittelmeyer. Sein Leben. Religiöse Erneuerung als Brückenschlag*, Stuttgart 1998.

[82] A. a. O., S. 66ff.

[83] Rudolf Steiner: *Mein Lebensgang*, a. a. O., S. 366.

[84] Christian Geyer: *Heiteres und Ernstes aus meinem Leben*, München 2. Aufl. 1962. Zu den Zusammenhängen vgl. Gerhard Wehr: *Friedrich Rittelmeyer*, a. a. O., S. 85ff., 178ff.

[85] Hans Kühn: *Dreigliederungszeit. Rudolf Steiners Kampf für die Gesellschaftsordnung der Zukunft*, Dornach 1978. Walter Kühne: *Die Stuttgarter Verhältnisse und Rudolf Steiners Impulse der sozialen Dreigliederung*, Schaffhausen 1989.

[86] Über die innere Zerklüftung der Anhängerschaft Steiners informieren schonungslos die Gesprächsprotokolle und Berichte in: Rudolf Steiner: *Das Schicksalsjahr 1923 in der Geschichte der Anthroposophischen Gesellschaft*, Dornach 1991 (GA 259).

[87] Rudolf Steiner im Vortrag vom 1. Oktober 1922, in: ders.: *Grundimpulse des weltgeschichtlichen Werdens der Menschheit*, Dornach 1965 (GA 216), S. 139.

[88] Rudolf Steiner: *Die Rätsel der Philosophie als Umriß dargestellt* (1914). Vorrede zur Neuauflage 1918, Dornach 1955 (GA 18), S. 12.

[89] Rudolf Steiner im Vortrag vom 25. Dezember 1919, in: ders.: *Weltsilvester und Neujahrsgedanken*, Dornach 1962 (GA 195), S. 31.

[90] Louis M. J. Werbeck: *Die christlichen und die wissenschaftlichen Gegner Rudolf Steiners durch sie selbst widerlegt*, Bd. I–II, Stuttgart 1924. Rudolf Steiner: *Die Anthroposophie und ihre Gegner* (1919–1921), Dornach 2003 (GA 255 b).

[91] Rudolf Steiner: *Die Konstitution der Allgemeinen Anthroposophischen Gesellschaft und der Freien Hochschule für Geisteswissenschaft*, Dornach 1966 (GA 260 a), S. 33f.

[92] »Die Prinzipien der Allgemeinen Anthroposophischen Gesellschaft«, zit. nach Bodo von Plato: *Zur Entwicklung der Anthroposophischen Gesellschaft*, Stuttgart 1986, S. 130 und 133.

[93] Rudolf Steiner: *Die Konstitution der Allgemeinen Anthroposophischen Gesellschaft und der Freien Hochschule für Geisteswissenschaft.*, a. a. O., S. 108f.

[94] Rudolf Steiner im Vortrag vom 6. Februar 1924, zit. nach Bodo von Plato, *Zur Entwicklung der Anthroposophischen Gesellschaft*, a. a. O., S. 137.

[95] Vgl. Rudolf Steiner in GA 235–240.

[96] Einen historischen Überblick über die Vorgänge bietet Bodo von Plato, *Zur Entwicklung der Anthroposophischen Gesellschaft*, a. a. O.

[97] Marie Steiner: *Briefe und Dokumente*, Dornach 1981, S. 359.

[98] Uwe Werner: *Anthroposophen in der Zeit des Nationalsozialismus 1933–1945*, München 1999, S. 11.

[99] Margarete Dierks: *Jakob Wilhelm Hauer 1881–1962*. Leben, Werk, Wirkung, Heidelberg 1986.

[100] J. W. Hauer zit. nach Uwe Werner, *Anthroposophen in der Zeit des Nationalsozialismus 1933–1945*, a. a. O., S. 67.

[101] J. W. Hauer: *Werden und Wesen der Anthroposophie*, Stuttgart 1921.

[102] Gerhard Wehr: *Friedrich Rittelmeyer*, a. a. O., S. 238ff.

[103] Gundhild Kacer-Bock: *Emil Bock*. Leben und Werk, Stuttgart 1993, S. 448ff

[104] Vgl. Gerhard Wehr: *C. G. Jung und Rudolf Steiner. Konfrontation und Synopse* (1972), a. a. O.

[105] Wilhelm Stählin (Hg.): *Evangelium und Christengemeinschaft*, Kassel 1953. Klaus von Stieglitz: *Einladung zur Freiheit*. Gespräch mit der Anthroposophie, Stuttgart 1996.

[106] Bernhard Grom: *Anthroposophie und Christentum*, a. a. O., S. 177.

LITERATUR

RUDOLF STEINER GESAMTAUSGABE

Das literarische Werk Rudolf Steiners, das seit 1955 im Rahmen der Rudolf Steiner Gesamtausgabe (GA) mit mehr als 300 Titeln nahezu vollständig veröffentlicht worden ist und durch den Rudolf Steiner Verlag, Dornach bei Basel, betreut wird, erstreckt sich auf ca. 45 Schriften und mehr als 300 Bände, in denen das Vortragswerk dokumentiert ist. Wichtige Ergänzungen zu Leben und Schaffen liegen in den Rudolf Steiner Studien vor sowie in den Beiträgen zur Rudolf Steiner Gesamtausgabe.

Für die Erstbegegnung empfiehlt sich die Lektüre des Buches *Theosophie* (GA 9). Seinem Untertitel nach stellt es eine Einführung in übersinnliche Welterkenntnis und Menschenbestimmung dar. Es wird ergänzt durch den umfänglicheren Band *Die Geheimwissenschaft im Umriß* (GA 13), in dem sowohl Steiners Erkenntnisweg als auch eine Schilderung seines Welt- und Menschenbildes enthalten sind. Mit den meditativen Übungen macht das Schulungsbuch *Wie erlangt man Erkenntnisse der höheren Welten?* (GA 10) bekannt. Erst im Anschluss daran empfiehlt es sich, weitere Titel zu studieren. Der Band *Anthroposophische Leitsätze* (GA 26) fasst in thesenartiger Form das »lebendige Wesen der Anthroposophie und seine Pflege« zusammen. Enthalten sind »Briefe an die Mitglieder«, in denen Steiner in Rückblicken und in grundsätzlichen Erwägungen Richtungweisendes für die anthroposophische Arbeit ausführt. Neben den öffentlichen Vorträgen (GA 52–84), die ebenfalls einführenden Charakter aufweisen, ist der größte Teil des Vortragswerks den Mitgliedern der Anthroposophischen Gesellschaft gewidmet; setzt also bereits einschlägiges Grundwissen voraus.

Steiners autobiographische Aufzeichnungen »Mein Lebensgang« (GA 28) berichten von der ersten Lebenshälfte, von der Art und Weise, wie er auf seinen Weg fand und welche Menschen ihm dabei begegnet sind. Weil der Bericht leider schon im ersten Jahrzehnt des 20. Jahrhunderts abbricht, aber auch der größeren Objektivität wegen, die Autobiographien nie leisten können, sind biographische Studien der Sekundärliteratur zur Ergänzung heranzuziehen.

SEKUNDÄRLITERATUR

Beltle, Erika/Vierl, Kurt (Hg.): *Erinnerungen an Rudolf Steiner*, Stuttgart 1979

Binder, Andreas: *Wie christlich ist die Anthroposophie? Standortbestimmung aus der Sicht eines evangelischen Theologen*, Stuttgart 1989

Bock, Emil: *Wiederholte Erdenleben* (1932), Stuttgart 1975

Ders.: *Rudolf Steiner. Studien zu seinem Lebensgang und Lebenswerk*, Stuttgart 1961

Deimann, Götz u.a. (Hg.): *Die anthroposophischen Zeitschriften von 1903–1985*, Stuttgart 1987

Geisen, Richard: *Anthroposophie und Gnostizismus. Darstellung, Vergleich und theologische Kritik*, Paderborn 1992

Grom, Bernhard: *Anthroposophie und Christentum*, München 1989

Grosse, Rudolf: *Die Weihnachtstagung als Zeitenwende*, Dornach 1976

Karl, Christian: *Handbuch zum Vortragswerk Rudolf Steiners*, Schaffhausen 1991

Klatt, Norbert: *Theosophie und Anthroposophie. Neue Aspekte zu ihrer Geschichte*, Göttingen 1993

Kriele, Martin: *Anthroposophie und Kirche. Erfahrungen eines Grenzgängers*, Freiburg 1996

Krüger, Manfred: *Das Ich und seine Masken. Zur Frage nach der Wahrheit*, Bodenkirchen 1997

Kühlewind, Georg: *Bewusstseinsstufen. Meditationen über die Grenzen der Seele*, Stuttgart 1976

Ders.: *Die Wahrheit tun. Erfahrungen und Konsequenzen des intuitiven Denkens*, Stuttgart 1978

Lindenau, Christof: *Der übende Mensch. Anthroposophie-Studium als Ausgangspunkt moderner Geistesschulung*, Stuttgart 1976

Lindenberg, Christoph: *Rudolf Steiner 1861–1925*. Eine Chronik, Stuttgart 1988

Ders.: *Rudolf Steiner in Selbstzeugnissen und Bilddokumenten*, Reinbek 1992

Ders.: *Rudolf Steiner. Eine Biographie, Bd. I–II*, Stuttgart 1997

Parr, Thomas: *Eurythmie. Rudolf Steiners Bühnenkunst*, Dornach 1993

Plato, Bodo von (Hg.): *Anthroposophie im 20. Jahrhundert. Ein Kulturimpuls in biographischen Porträts*, Dornach 2003

Ders.: *Zur Entwicklung der Anthroposophischen Gesellschaft. Ein historischer Überblick*, Stuttgart 1986

Rieche, Herbert/Schuchhardt, Wolfgang (Hg.): *Zivilisation der Zukunft. Arbeitsfelder der Anthroposophie*, Stuttgart 1981

Smit, Jörgen u.a.: *Freiheit erüben. Meditation in der Erkenntnispraxis der Anthroposophie*, Stuttgart 1988

Stieglitz, Klaus von: *Die Christosophie Rudolf Steiners*, Witten 1955

Ders.: *Einladung zur Freiheit. Gespräch mit der Anthroposophie*, Stuttgart 1996

Teichmann, Frank: *Die Entstehung der Anthroposophischen Gesellschaft auf mysteriengeschichtlichem Hintergrund*, Stuttgart 2002

Wachsmuth, Günther: *Werdegang der Menschheit*, Dornach 1953

Wehr, Gerhard: *Der pädagogische Impuls Rudolf Steiners. Theorie und Praxis der Waldorfpädagogik*, München 1977; Stuttgart 1994

Ders.: *Der innere Weg. Anthroposophische Erkenntnis, geistige Orientierung und meditative Praxis*, Reinbek 1983; Stuttgart 1994

Ders.: *Rudolf Steiner. Leben, Erkenntnis, Kulturimpuls*, München 2. erw. Aufl. 1987

Ders.: *Spirituelle Meister des Westens. Leben und Lehre*, München 1995

Ders.: *C. G. Jung und Rudolf Steiner. Konfrontation und Synopse*, Stuttgart 1972; 1998

Werner, Uwe: *Anthroposophen in der Zeit des Nationalsozialismus*, München 1999

Wiesberger, Hella: *Rudolf Steiners esoterische Lehrtätigkeit*, Dornach 1997

Unger, Carl: *Schriften*, Bd. I–III, Stuttgart 1965ff.

Vogel, Lothar: *Der dreigliedrige Mensch. Morphologische Grundlagen einer allgemeinen Menschenkunde*, Dornach 1979

ZEITSCHRIFTEN

Zu dem umfangreichen Schrifttum Rudolf Steiners und seiner Mitarbeiter sowie von nichtanthroposophischer Seite tritt eine ebenfalls umfangreiche Zeitschriftenarbeit. Eine internationale Dokumentation findet sich in Deimann, Götz u.a. (Hg.): *Die anthroposophischen Zeitschriften von 1903–1985*, Stuttgart 1987.

Zu den wichtigsten deutschsprachigen Organen gehören:

Das Goetheanum. Anthroposophische Wochenschrift, Dornach 1921ff.

Die Drei. Zeitschrift für Anthroposophie in Wissenschaft, Kunst und sozialem Leben, Stuttgart 1921ff.

Die Christengemeinschaft. Monatsschrift zur religiösen Erneuerung, Stuttgart 1924ff.

Novalis. Unabhängige Zweimonatsschrift, Quern 1947ff.

Info 3. Anthroposophie heute, Frankfurt/Main 1976ff.

Gegenwart. Zeitschrift für Kultur, Politik, Wirtschaft, Bern 1939ff.

ZEITTAFEL

1875	Begründung der Theosophical Society durch H. P. Blavatsky und Henry Steel Olcott in New York
1902	19./20. Oktober: Gründungsversammlung der deutschen Sektion der Theosophischen Gesellschaft in Berlin mit Rudolf Steiner als Generalsekretär und Marie von Sivers als Sekretärin
1912	28. Dezember: Steiner gibt im Rahmen eines Vortragskurses in Köln den Anstoß zur Begründung der Anthroposophischen Gesellschaft.
1913	3. Februar: Erste konstituierende Generalversammlung und formale Gründung der Anthroposophischen Gesellschaft in Berlin
	20. September: Grundsteinlegung für den Johannes-Bau, das spätere erste Goetheanum in Dornach
1914	24. Dezember: Eheschließung Rudolf Steiners mit Marie von Sivers
1919	7. September: Feierliche Eröffnung der Freien Waldorfschule in Stuttgart
1920	26. September: Eröffnungsfeier für den Goetheanum-Bau
1922	6.–22. September: Dritter so genannter Theologen-Kurs und Begründung der Christengemeinschaft als Bewegung für religiöse Erneuerung im Goetheanum in Dornach. Friedrich Rittelmeyer übernimmt die Leitung der aus 45 Männern und Frauen bestehenden Priesterschaft, die mit der Gründung von Gemeinden beginnen.
	31. Dezember: Durch Brandstiftung wird das Goetheanum zerstört.
1923	25. Dezember: Grundsteinlegung der Allgemeinen Anthroposophischen Gesellschaft in Dornach auf der so genannten Weihnachtstagung vom 24. Dezember 1923 bis zum 1. Januar 1924, gleichzeitig Begründung der Freien Hochschule für Geisteswissenschaft
1924	7.–16. Juni: Landwirtschaftlicher Kurs auf dem Gut des Grafen Carl von Keyserlingk in Koberwitz bei Breslau
	28. September: Letzter Vortrag Steiners, der infolge seiner seit Jahren sich abzeichnenden Erkrankung vorzeitig abgebrochen werden musste.

1925	30. März: Tod Rudolf Steiners in Dornach
	3. April: Einäscherung in Basel
1935	14. April: Die Generalversammlung der Allgemeinen Anthroposophischen Gesellschaft beschließt den Ausschluss der beiden Vorstandsmitglieder Ita Wegman und Elisabeth Vreede sowie zahlreicher weiterer Mitglieder.
	1. Dezember: Verbot der Anthroposophischen Gesellschaft in Deutschland
1941	9. Juni: Gestapo-Aktion gegen die Christengemeinschaft; ferner Schließung der Waldorfschulen sowie Auflösung weiterer anthroposophischer »Zweckverbände«
1945	Wiederaufnahme der anthroposophischen Arbeit und der Gemeindebildung in der Christengemeinschaft. Erste Waldorfschulen beginnen mit dem Unterricht.

DER AUTOR

Gerhard Wehr, geboren 1931 in Schweinfurt/Main, Dr. theol. h.c., ist Verfasser zahlreicher Studien zur Religions- und Geistesgeschichte und Biograf verschiedener Denker, darunter von Martin Buber, Rudolf Steiner, C. G. Jung, Jean Gebser, Graf Dürckheim und Friedrich Rittelmeyer.

Bei Diederichs veröffentlichte er u.a. das Grundlagenwerk *Die sieben Weltreligionen* sowie die Bände *Judentum*, *Christentum*, *Kabbala* und *Luther* in der Reihe »Diederichs kompakt«.

Gerhard Wehr lebt in Schwarzenbruck bei Nürnberg.

REGISTER